10 chocolates
para o sucesso

ADEMIR S. STEIN E MINORU KIMIZUKA

10 chocolates para o sucesso

Estratégias de um coach para criar, motivar e recompensar equipes

EDITORA ALAÚDE

Copyright © 2014 Ademir S. Stein e Minoru Kimizuka
Copyright desta edição © 2014 Alaúde Editorial Ltda.

Todos os direitos reservados. Nenhuma parte desta edição pode ser utilizada ou reproduzida – em qualquer meio ou forma, seja mecânico ou eletrônico –, nem apropriada ou estocada em sistema de banco de dados sem a expressa autorização da editora.

O texto deste livro foi fixado conforme o acordo ortográfico vigente no Brasil desde 1º de janeiro de 2009.

Edição: Denise Turco
Preparação: Beatriz Crespo Dinis
Revisão: Claudia Gomes, Marina Bernard
Capa: Miriam Lerner
Imagem de capa: © stockcam | iStockphoto.com
Projeto gráfico: Rodrigo Frazão
Impressão e acabamento: Bartira Gráfica

1ª edição, 2014

CIP-Brasil. Catalogação na publicação
Sindicato Nacional dos Editores de Livros, RJ

K62d

Kimizuka, Minoru
    10 chocolates para o sucesso : estratégias de um coach para criar, motivar e recompensar equipes / Minoru Kimizuka, Ademir S. Stein. 1ª ed. - São Paulo : Alaúde, 2014.
    136 p. ; 21 cm.

    ISBN 978-85-7881-232-4

    1. Administração de pessoal. 2. Liderança. 3. Motivação no trabalho. 4. Sucesso nos negócios. I. Stein, Ademir S. II. Título.

14-09730
    CDD: 658.3
    CDU: 005.95/.96

2014
Alaúde Editorial Ltda.
Rua Hildebrando Thomaz de Carvalho, 60
São Paulo, SP, 04012-120
Tel.: (11) 5572-9474
www.alaude.com.br

Este livro é dedicado a todas as pessoas que se interessam pelo autodesenvolvimento e aprimoramento de seus conhecimentos e suas competências para o exercício de uma liderança integral, focada em resultado.

Isso só foi possível através da motivação, do engajamento e do comprometimento de todos os componentes das equipes mostrados neste livro.

Sumário

Prefácio 9

Introdução 11

A falta que fazem um chocolate e uma visão profissional 15

O doce gosto da baixa rotatividade no ambiente de trabalho 21

O chocolate como prêmio de reconhecimento e estímulo 29

Pausa para um docinho 37

O início da gestão do líder chocolate 45

Alguns pedacinhos de chocolate 59

Conquistar o coração, a mente e o estômago dos colaboradores 79

Como atrair e selecionar as melhores trufas do mercado 87

Como dar mais tempero ao líder chocolate e desenvolver a autoliderança 103

As competências de um líder chocolate 109

Cultura de alto desempenho e felicidade: ingredientes da lucratividade 119

Epílogo 123

Saiba mais 125

Prefácio

Quando li este livro para conhecer a obra e assim escrever o prefácio, foi amor à primeira vista, pois este delicioso *10 chocolates para o sucesso* aborda dois temas que amo há tempos: gente e chocolate.

Há mais de vinte anos, quando fundei o que hoje é a "maior rede de chocolates finos do mundo", não tive a sorte de ter sido presenteado com ensinamentos tão preciosos e simples.

Na minha trajetória como empreendedor, não pude contar com uma referência hierárquica, ou seja, uma caixinha acima no organograma que pudesse me inspirar. Essa transformação de empreendedor para gestor aconteceu ao longo desses anos e muitas vezes pela dor, porém com muitos aprendizados. E a boa notícia é que ainda há muito por vir e aprender.

Muitos gestores acreditam que pagar bons salários, oferecer benefícios de ponta e um espaço físico de última geração para seus colaboradores seja o suficiente para ter um time apaixonado. Porém, o que é material logo é absorvido e esquecido. Aprendi que as pessoas querem mais do que salário, que já se transformou em um tipo de *commodity*. Elas querem reconhecimento, seja ele na forma mais simples que for.

O reconhecimento é a forma mais pura e limpa de energia que podemos dar aos nossos colaboradores, para que estes sigam firmes e com a autoestima equilibrada na busca de superar seus desafios. O reconhecimento cria vínculos e aprofunda as relações entre o colaborador e a empresa. Mas para que isso aconteça a empresa tem de escolher de forma muito criteriosa seus gestores, que serão representantes legais dos valores da mesma. Não há fórmula mágica nesta escolha e decisão: o gestor tem que gostar de gente!

Muitas vezes somos engolidos pela rotina e pelos processos e negligenciamos coisas simples, porém vitais para a sobrevivência das empresas. Sempre digo aos gestores da minha empresa e outros milhares que encontro em minhas palestras: "Gente gosta de ser tratada como gente!" Tão simples assim. É o que deve estar na pauta, na rotina de todos nós, e este livro nos relembra isso de forma agradável e muito direta.

Eu sempre soube que fabricávamos mais que chocolates. Fabricamos emoções e proporcionamos momentos de felicidade às pessoas: seja em um pedido de casamento, numa celebração, num pedido de desculpas e, agora, como muito bem abordado no livro, no reconhecimento de um bom trabalho realizado!

O chocolate é energia pura e, quando utilizado como reconhecimento, é a fórmula perfeita para o sucesso.

Alexandre Tadeu da Costa
CEO e presidente da Cacau Show

Introdução

A realização desta obra foi extremamente prazerosa e também uma conquista pessoal que transferimos a vocês, líderes, como um presente.

Após anos de experiência – Ademir como empresário e empreendedor, e Minoru como CEO, empresário, empreendedor, coach, consultor e palestrante –, pudemos finalmente detectar o ato falho que a maioria das empresas comete: não reconhecer devidamente o valor dos bons funcionários, dos bons trabalhos realizados e da superação das expectativas.

Acreditamos que a liderança deve ser praticada de maneira prazerosa e com estresse positivo, por isso criamos o conceito do "líder chocolate". O chocolate é um alimento que agrada a maioria das pessoas em todo o mundo e pode ter um significado de reconhecimento extrínseco como premiação, bônus, algo material que leva em conta os resultados. Ou ainda, de reconhecimento intrínseco, que considera os resultados, além de esforço, lealdade aos valores e aos compromissos da organização, mexe com o ego, com o *status*, com a realização interna; enfim, possui um aspecto não material.

As técnicas e os princípios do líder chocolate que descrevemos nesta metáfora estão associados a algo que ele oferece aos colaboradores com prazer, por meio de treinamento, para que possam atingir os objetivos das organizações.

Líderes chocolate buscam criar equipes fanáticas, que trabalham duro para cumprir suas metas, reduzindo sistematicamente os custos da empresa. Permanentemente insatisfeitas com seus desempenhos, elas procuram melhorar cada detalhe, jamais perdendo o foco de urgência e sem quebrar os valores da companhia.

É importante lembrar que as organizações esperam das suas lideranças três papéis principais:

- Seguir e fortalecer as normas e os valores da empresa;
- Formar equipe: admitir talentos alinhados aos seus valores, treinar os colaboradores com métodos de trabalho bem definidos, incentivar a melhoria contínua (*kaizen*) e fazer com que as pessoas ocupem os lugares certos, na estrutura certa e no momento certo;
- Como consequência dos dois primeiros itens, bater as metas.

O perfil do líder que traçamos neste livro é o daquele que tem um "algo a mais" para conseguir cumprir essas tarefas com maestria – o chocolate. Ele estabelece um elo de respeito mútuo e de consideração com a equipe, despertando nos colaboradores a vontade de receber um chocolate, ou melhor, o reconhecimento por atingir os objetivos.

Deguste as páginas seguintes com a devida atenção. Ao final de cada capítulo, deixamos um bombom para você: uma tarefa para ajudá-lo a se tornar um líder chocolate e a motivar a sua equipe a querer sempre mais. Colocando em prática as sugestões e os exemplos que citamos nesta deliciosa analogia, você verá resultados incríveis em sua equipe.

Bom apetite!

A falta que fazem um chocolate e uma visão profissional

"Pensar é o trabalho mais pesado que existe e talvez seja essa a razão para tão poucos se dedicarem a isso."
Henry Ford

Na realidade, não havia motivos para queixas: a empresa ia bem, não estava se endividando, proporcionava um lucro razoável... Porém, Armando Fontoura, diretor da área de desenvolvimento, não estava satisfeito.

Ele queria um crescimento realmente significativo, tanto no que dizia respeito ao número de clientes quanto – na verdade, o mais importante – na lucratividade da empresa. Afinal, nesses dois aspectos o negócio não ia bem, no seu entender. Com um crescimento de 5 por cento ao ano nos dois últimos anos e uma expansão estável do número de clientes, Fontoura receava que a organização fosse rapidamente ultrapassada pela concorrência ou que viesse a se estagnar. Melhor do que ninguém, ele sabia que uma empresa estagnada em seu desenvolvimento estava fadada a encerrar muito depressa as suas atividades.

Fontoura era esforçado. Não se cansava de procurar a solução para o que considerava um problema de extrema gravidade. Nessa busca constante, frequentava cursos, assistia a palestras, lia e estudava artigos.

Por fim, decidiu contratar os serviços de um coach. O homem, um indivíduo com semblante sério, ponderado, transpirando conhecimento e competência, depois de uma entrevista que durou mais de duas horas, disse-lhe:

– Na realidade, não vejo nada errado em sua empresa. Porém, noto algo muito importante: seus funcionários estão pouco estimulados. Isso, com certeza, está atrapalhando um bocado.

– Mas como assim, estão pouco estimulados? – protestou Fontoura. – Eles recebem um bom salário, até mais alto do que paga a concorrência, têm benefícios, participação anual nos lucros...

– Sim – admitiu o Coach. – Mas isso não é o suficiente.

Com voz e postura em tom professoral, ele disse:

– Percebo que um dos principais problemas que vocês estão enfrentando é a alta rotatividade de pessoal. E isso é terrível, pois já está mais do que provado que a fidelização de clientes é diretamente proporcional à fidelização de funcionários.

– Tem razão – concordou Fontoura. – Nossa média de permanência não chega a dois anos.

– Portanto, deve haver alguma coisa errada acontecendo. Vou ficar como observador durante uma semana e, depois, conversaremos.

Uma semana depois, em nova reunião, o Coach disse:

– Durante esses dias de intensa observação, pude notar que seus funcionários, apesar de bem pagos e bem tratados, não estão satisfeitos.

Fontoura fez uma expressão de surpresa e resmungou:

– O que mais eles querem?

– Não querem – respondeu o Coach, com um sorriso. – Eles precisam...

Fez uma breve pausa dramática e concluiu:
– Eles precisam de reconhecimento.

Fontoura quis protestar, mas com um gesto o Coach o impediu e explicou:

– É mais do que sabido que o reconhecimento pelo trabalho executado com excelência é tão importante numa situação econômica complicada quanto em épocas normais ou de grande crescimento. Podemos dizer que esta empresa, pelo simples fato de estar crescendo muito devagar, atravessa uma conjuntura difícil.

– Sim – concordou Fontoura. – A estagnação é uma ameaça presente. E preocupante.

– Muito bem – continuou o Coach. – Também sabemos que a rotatividade de funcionários é altamente prejudicial para uma empresa, sobretudo em épocas complicadas. E que a melhor e mais eficaz maneira de manter os colaboradores, especialmente os bons, é manifestar o reconhecimento por seu esforço e sua superação no trabalho. Nessas ocasiões, quando tudo se mostra muito mais volátil do que o habitual, reter os funcionários talentosos torna-se vital para o progresso e até mesmo para a continuidade dos negócios.

Fitando Fontoura com firmeza e severidade, o Coach acrescentou:

– Fiquei sabendo que vários funcionários considerados excelentes em suas funções, transferiram-se para outras empresas, mesmo com maior carga de trabalho e salários mais baixos.

– É verdade – admitiu Fontoura. – E eu nunca entendi por que isso acontece.

– A explicação é muito simples – sorriu o Coach. – Nas outras empresas esses bons funcionários sentem-se reconhecidos. Percebem que seus esforços são valorizados, o que não ocorre aqui.

— Mas nossos colaboradores têm participação nos lucros! O aumento do nosso faturamento significa automaticamente acréscimo em seus vencimentos! — disse o diretor indignado.

O Coach acenou a cabeça num sinal de pesar e falou:

— A participação nos lucros ocorre uma vez por ano. E, além disso, a recompensa meramente material, em dinheiro, não significa muita coisa para o funcionário. Ela passa a ser vista apenas como um pagamento pelo trabalho executado. A filosofia é outra. Nós, gestores, temos de valorizar nosso pessoal para que eles possam valorizar e servir adequadamente os clientes. Portanto, na realidade, as táticas de reconhecimento e de recompensas são parte de uma estratégia de negócios que gera vantagens competitivas para a empresa. E o objetivo final dessa estratégia é desbloquear o potencial completo dos funcionários, ou seja, através da sensação de felicidade impregnada na pessoa. Isso pode ser obtido com uma adequada política de reconhecimento e recompensas.

— Quer dizer que, além de tudo o que nossos funcionários já recebem, a empresa ainda terá de dar mais? — perguntou Fontoura num tom que denotava revolta.

— Materialmente será insignificante, mas os resultados serão extraordinários, pode acreditar! — exclamou o Coach.

— Falaremos sobre isso em nossa próxima reunião. Ainda temos muito a conversar.

Olhando para a sua própria caixa de bombons

Nas páginas seguintes, Fontoura vai conversar com o Coach sobre os problemas que vem enfrentando com os colaboradores da empresa. Reter talentos, recrutar novos colaboradores e qualificar funcionários são apenas alguns dos desafios com os quais o diretor tem de lidar no dia a dia. Se você está passando pela mesma situação ou se o líder da sua equipe tem as mesmas dificuldades, aproveite este momento para traçar um plano de ação:

- Faça uma lista dos aspectos em que você gostaria que a sua equipe melhorasse;
- Analise a sua postura no ambiente de trabalho e anote quais os seus pontos fortes e fracos;
- Leia com atenção as dicas do Coach nos próximos capítulos e programe-se para dar o primeiro passo em direção ao futuro brilhante da sua equipe.

O doce gosto da baixa rotatividade no ambiente de trabalho

"O trabalho é um doce passatempo."
Horácio

Fontoura ficou intrigado e preocupado com o que o Coach dissera e, durante a semana, até a reunião seguinte, procurou investigar junto a seus subordinados as causas de eventuais descontentamentos. Que os havia, já era uma certeza, caso contrário, a rotatividade de funcionários não seria tão alta. Restava saber o que motivava tais situações.

Não foi difícil descobrir que a insatisfação estava muito mais no campo emocional do que no material. Assim, por exemplo, os funcionários "doíam-se" quando pequenos fatos eram sumariamente ignorados pelas chefias. Exemplo disso foi o ocorrido com um rapaz que, durante uma semana, não conseguiu trabalhar direito porque seu cachorro morrera atropelado. Ele presenciara o acidente, nada pudera fazer, e isso o abalara muito. Quando chegou à empresa, no dia seguinte ao acidente, comentou com seu chefe e este respondera apenas:

"Ainda bem que foi só um cachorro, não foi uma criança". O chefe não teve a sensibilidade de perceber que, para aquele rapaz, o cão era tão importante quanto um amigo, um irmão.

Homem altamente racional e bastante materialista, Fontoura também não conseguia admitir que a morte de um cão fosse motivo suficiente para levar alguém a prejudicar seu desempenho no trabalho. Continuando suas investigações, descobriu outras causas de demissão inesperadas – pelo menos na visão dele. Notou que muitos pedidos de demissão tinham ocorrido quase imediatamente após o funcionário ter se destacado em algum trabalho de excelente resultado.

Era curioso: o indivíduo tinha fechado um grande negócio – para o qual tinha dispensado várias semanas de árduos esforços – e, logo em seguida, pedira demissão, migrando para outra empresa. E isso não acontecera uma ou duas vezes, mas sim muitas.

Quando comentou seus achados com o Coach, este sorriu e disse:

– Não percebeu? A resposta é muito simples. No primeiro caso, o do cachorro atropelado, o funcionário sentiu-se completamente desamparado pela falta de sensibilidade da chefia. Essa sensação de desamparo acabou por gerar uma profunda insegurança e ele preferiu sair da empresa antes que tanta frieza se manifestasse contra ele mesmo e acabasse sendo demitido. No segundo caso, o funcionário não se sentiu valorizado pelo trabalho executado e, completamente desestimulado, não conseguiu mais se enquadrar dentro da organização.

De acordo com o Coach, é difícil adivinhar quando as pessoas estão passando por um mau momento. Porém se um funcionário conta um incidente que à primeira vista parece banal, mas que de alguma forma impactou sua vida, é obrigação do líder valorizar o acontecimento. Nesses momentos, uma palavra de incentivo, um elogio ou uma manifestação de apoio podem fazer toda a diferença, e a "vítima" passa a sentir-se "entre amigos" e não mais uma pessoa abandonada ao seu próprio destino.

Ignorar o incidente narrado ou não lhe dar nenhum valor pode afastar definitivamente o funcionário, sendo um forte motivo para que ele peça as contas e troque de empresa por alguns trocados a mais ou até para obter uma remuneração menor.

– Esse sentimento de rejeição pode atingir qualquer funcionário – de alto ou baixo escalão. O custo final, ou seja, a perda financeira, gerado pela perda de funcionários competentes e talentosos é altíssimo e a maioria dos gestores não se dá o trabalho de fazer essa conta – afirmou o Coach.

Ele explicou que, além de todos os custos tangíveis ou extrínsecos (demissão, indenizações, contratação e treinamento de substitutos, ampliação de custos salariais etc.), há o custo intangível ou intrínseco representado pelo despertar da desconfiança dos demais funcionários que veem sair colegas tidos como exemplares e passam a se perguntar: "O que está havendo com esta empresa que perde os melhores da equipe?" E todos passam a se sentir inseguros e desmotivados quanto ao próprio futuro na organização.

Fontoura quis contestar as opiniões do Coach, mas este o impediu e disse:

– O gestor de visão tem de aprender a compartilhar o presente com a sua equipe. Só assim haverá possibilidade de, no futuro, obter um retorno efetivamente compensador. Porém, para compartilhar o presente é fundamental que o gestor tenha experiência de compartilhamento. Explicando melhor: se ele tiver sido elogiado e recompensado no passado, será muito mais provável que seja capaz de elogiar e recompensar no presente, projetando bons retornos para o futuro.

Fez uma breve pausa e continuou:

– Como consequência, ao reconhecermos o valor de um funcionário, ele levará a lembrança desse reconhecimento para o resto de sua vida. E a recíproca é verdadeira: a falta de reconhecimento e de recompensas acaba gerando lembranças negativas e, com isso, gera apatia e baixo moral, com a consequente queda de produção e elevação dos índices de rotatividade.

– Mas jamais deixaremos de perder pessoas – protestou Fontoura. – Funcionários vão e vêm como as ondas ao sabor das marés... Não precisa haver motivo para pedir demissão, basta a vontade de experimentar outros ares! Já li que a rotatividade média nos Estados Unidos gira em torno de 15 por cento.[1] Assim, pelo que posso inferir, a retenção de funcionários eficientes e talentosos é um drama para todas as empresas.

No entanto, o Coach enfatizou que no Brasil os índices de rotatividade são ainda maiores, principalmente em virtude da redução da taxa de desemprego nos últimos anos. Segundo ele, uma pesquisa indica que no mercado de trabalho, englobando o setor público e o privado, a taxa de rotatividade foi de 52,5 por cento, em 2008, com uma li-

---

1 Pesquisa "Differences in Employee Turnover Across Key Industries" da Society For Human Resource Management, associação voltada para o gerenciamento de recursos humanos nos Estados Unidos. Disponível em: http://www.shrm.org/research/benchmarks/documents/assessing%20employee%20turnover_final.pdf. Acesso em 15/8/2013.

geira diminuição, em 2009, para 49,4 por cento.[2] Mas, em 2010, atingiu o patamar de 53,8 por cento. Considerando o setor de comércio, o índice chegou a 58 por cento e, no segmento de serviços, 54 por cento.

Fontoura aquiesceu com um menear de cabeça e o Coach falou:

— A maioria dos gestores, para não dizer a totalidade, quando questionada sobre essa elevada taxa de rotatividade, tenta dourar a pílula, dizendo que, na verdade, é uma boa maneira de renovar o sangue da empresa e adquirir novas ideias. Porém, não passam de desculpas esfarrapadas, pois tais teorias seriam válidas se fossem apenas os maus funcionários a sair. Mas os que saem para outras empresas são justamente aqueles que fazem a diferença, quer dizer, esses funcionários têm mais opções exatamente por serem os melhores.

— É verdade, são sempre os melhores que pedem demissão — admitiu Fontoura.

— Um fenômeno facilmente explicável, não acha? — indagou o Coach, com um sorriso. — Os bons recebem convites e propostas de outras companhias, mas os ruins sabem que terão dificuldade em arrumar outro emprego e ficam criticando a empresa em que trabalham.

— Sim, isso é óbvio — replicou Fontoura. — Mas como reter os melhores? Como agir de maneira a concorrer com os convites das outras empresas? — Com uma expressão desanimada, o diretor murmurou: — Não podemos estabelecer um "leilão de salários e de vantagens"…

---

2   Estudo "Rotatividade e flexibilidade no mercado de trabalho", realizado em 2011, pelo Departamento Intersindical de Estatística e Estudos Socioeconômicos (Dieese) para o Ministério do Trabalho e Emprego. Disponível em: http://www.dieese.org.br/livro/2011/livroRotatividade11.pdf. Acesso em 20/5/2013.

— E nem devem — asseverou o Coach. — Você mesmo sabe que muitas vezes os funcionários excelentes migram para outras empresas aceitando uma carga horária maior e até um salário mais baixo.

Fontoura assentiu. Fixando o olhar nele, o Coach continuou:

— Os bons funcionários necessitam mais de estímulo do que de aumento de ganhos financeiros ou vantagens contratuais. E o estímulo vem na forma de reconhecimento pelos trabalhos executados e pela excelência dos serviços prestados. Contudo, o reconhecimento pode ser materializado na forma de recompensas. Dessa forma, é possível estabelecer o tripé para a estabilidade e a fidelização do funcionário em relação à organização: reconhecimento, valorização e recompensa. Esses três fatores podem impedir que o colaborador corte suas raízes e vá para outro emprego.

Num tom de voz que procurava acalmar Fontoura, o Coach acrescentou:

— Pelos levantamentos que fiz, vocês não têm muito com que se preocupar: pagam bem, oferecem vantagens e participação nos lucros. Falta apenas estabelecer um sistema bem estruturado de reconhecimento e de recompensas. Pense nisso durante esta semana e, em nossa próxima reunião, discutiremos alguns aspectos táticos e estratégicos visando a excelência do relacionamento empresa-funcionário que, tenho certeza, fará cair a taxa de rotatividade e levará a um sensível aumento de produtividade. Até lá.

O despertar da consciência

O Coach sugere algumas questões para reflexão antes de propor uma política de reconhecimento e recompensas na empresa, assim como orientou Fontoura a fazer. Antes de colocar a estratégia em prática, é importante pensar sobre:

- Qual foi a última vez que seus esforços ou resultados foram reconhecidos publicamente pelo seu superior imediato?
- Quanto tempo você passa pensando no desempenho da sua equipe?
- Existem pessoas na sua equipe que você nunca reconheceu publicamente? Por quê?
- Seja sincero: o quanto você é responsável pela falta de comprometimento de alguns colaboradores?
- O seu comportamento para com a equipe desperta o desejo de se aproximar ou de se afastar dos objetivos organizacionais?

O chocolate como prêmio de reconhecimento e estímulo

"*A diferença entre um chefe e um líder:
um chefe diz 'Vá!'; um líder diz 'Vamos!'*"
E. M. Kelly

Estimulado pelo Coach, Fontoura procurou pesquisar e desenvolver um sistema de reconhecimento e recompensa para os funcionários que desempenhassem suas funções com excelência. Paralelamente a isso, continuou suas investigações para saber as razões pelas quais os bons funcionários saíam da companhia em busca de novas oportunidades.

O diretor descobriu que uma evasão que chocara negativamente a empresa tinha sido causada, justamente, por falta de reconhecimento e de estímulo. Alguns meses atrás, um engenheiro altamente competente e que ocupava um cargo importante – diretor de infraestrutura – tinha pedido demissão logo após um projeto posto em prática por ele ter sido um sucesso de repercussão nacional no âmbito de aproveitamento de energia limpa.

Esse engenheiro, graças à sua invenção, economizara alguns milhões de dólares em energia e – o mais importante – fizera com que a marca da organização surgisse como exemplo nas mais conceituadas mídias nacionais. Os proprietários da empresa foram chamados para entrevistas e um deles estampou a capa da mais importante revista de economia do país. Entretanto, nenhuma vez o nome do engenheiro foi sequer mencionado publicamente.

Quando Fontoura entrou em contato com ele, já trabalhando em outra empresa, e perguntou-lhe a razão de ter pedido demissão, o homem foi sincero:

– Ninguém aí reconheceu o meu trabalho. Tive a impressão de que eu não existia, de que não tive nem mesmo participação nesse projeto, quando tudo foi idealizado e implementado por mim.

Portanto, impossível ser mais claro: o engenheiro demitira-se única e exclusivamente por falta de reconhecimento e estímulo. E não foi o único caso que Fontoura descobriu. Vários outros colaboradores, desempenhando funções dos mais variados tipos, também tinham debandado para outras empresas com a principal alegação de que não tinham sido devidamente reconhecidos em seu trabalho e suas qualidades.

Um ex-funcionário que pediu demissão relatou:

– Está certo que minha função era servir cafezinho... Na verdade, era minha obrigação, afinal estava sendo pago para isso. Mas ao servir uma xícara para um supervisor, esperava ouvir um "obrigado". E isso jamais aconteceu.

Fontoura teve vontade de dizer que isso era mais uma questão de educação e que educação é algo que vem de berço... Mas, em tempo, lembrou-se das incontáveis vezes que esse mesmo funcionário levara uma xícara de café à sua sala e ele, ocupado com seus afazeres, nem sequer erguera os olhos da papelada que estava sobre sua mesa. De fato, não lhe teria custado nada dizer um "muito obrigado".

Situação semelhante ocorreu com o cozinheiro, que permaneceu pouco tempo na companhia.

Desde que o serviço de cozinha fora criado na empresa, a comida era muito elogiada por todos. Todos gostavam de comer ali. Também, pudera: era um festival de frituras, de bolinhos, de pratos feitos à base de manteiga, de banha, de *bacon*... Alimentos saborosos, mas não muito saudáveis e, no fundo, caros por causa da quantidade de gordura.

A empresa decidiu contratar o cozinheiro em questão para promover a diminuição no consumo de óleo nos pratos servidos para os funcionários. Em pouco mais de três meses, ele modificou completamente o cardápio vigente, substituindo-o por outro elaborado com menos gordura – mais saudável, portanto – e com custos reduzidos. Com isso, ocorreu uma sensível economia no campo médico, com redução do número de consultas com relatos de má digestão, menor necessidade de interrupção de horas de trabalho e diminuição do consumo de medicamentos emergenciais (aqueles dados na própria empresa).

No entender de Fontoura, assim como o engenheiro, o cozinheiro não fizera nada além de cumprir com sua obrigação, e assim nenhum agradecimento lhe foi dirigido. Resultado: na metade do quarto mês, ele pediu demissão. Depois, quando Fontoura foi procurá-lo por ocasião da pesquisa sugerida pelo Coach, confirmou que tinha sido justamente a falta de reconhecimento por parte da chefia que o desmotivara e que o levara a se demitir.

A situação vivenciada por Fontoura é muito parecida com o que ocorre no mundo real em companhias de todo o mundo. Nos Estados Unidos, um pequeno percentual de gestores (24 por cento) usa sistemas de reconhecimento e recompensa como autêntica estratégia de negócios para levar os funcionários a aumentar o desempenho e reduzir a taxa de rotatividade, segundo pesquisa com quatrocentos profissionais realizada pela Watson Wyatt[1], consultoria que atua em âmbito global na área de recursos humanos.

A maioria dos gestores acha que, como o mercado de trabalho está mais difícil a cada ano, eles têm uma poderosa arma na mão: a vaga de emprego, fiando-se no fato de sempre haver mais candidatos do que vagas. Essencialmente, isso não é uma verdade absoluta. Os gestores não estão levando em conta que os trabalhadores de hoje não aceitam o medo e a intimidação impostos pelos patrões. Desse modo, as pessoas é que passaram a escolher as empresas, preferindo aquelas que apresentam sistemas de reconhecimento e recompensa, assim como de estímulos.

E, justamente na maneira de conduzir as políticas de recursos humanos, os empregadores do século XXI têm de ser mais agressivos e criativos para vencer a disputa por funcionários competentes e talentosos. Os jovens de hoje, por exemplo, esperam muito mais de um líder. Quem está ingressando no mercado de trabalho acredita que um bom líder precisa conhecer profundamente seus colaboradores e ajudá-los nas tarefas cotidianas e na orientação da carreira. Para os jovens, a capacidade de valorizar e de gerir as pessoas são os aspectos mais importantes da liderança.[2]

---

1   Pesquisa "Playing to Win: Strategic Rewards in the War for Talent", quinta sondagem anual, Watson Wyatt WorldWide, 2000.

2   Artigo "Os líderes mais admirados – 2013 (pelos jovens e pelos executivos)", publicado na revista HSM Management, número 99, jul./ago. 2013. A pesquisa em questão foi realizada no Brasil com 52.252 jovens universitários e recém-formados de 17 a 26 anos, conduzida pela empresa de pesquisas Nextview e Grupo DMRH/Cia. de Talentos.

Portanto, não é apenas com dinheiro que se conquista um funcionário competente, talentoso e eficiente.

Para Fontoura era complicado aceitar que alguém, um profissional de responsabilidade e chefe de família, pudesse declinar de um emprego para bandear-se para outro, de menor remuneração e, muitas vezes, com menos garantias. E o que motivava essa mudança não era outra coisa senão a falta de elogios.

Mas as conversas com o Coach e as pesquisas junto aos ex-colaboradores, aos poucos, fizeram com que o diretor enxergasse além. Ele começou a associar a questão das recompensas e reconhecimento às situações vividas em sua própria casa.

Casado há quinze anos com Marilene, Fontoura já estava mais do que habituado com certos rituais da esposa. Ele sabia que, quando ela estava com vontade de um programa diferente – como ir ao teatro ou jantar fora –, ela começava com as indiretas desde a manhã e se mostrava mais carinhosa e dedicada até mesmo em relação às coisas mais corriqueiras do lar e do relacionamento. Por sua vez, quando Fontoura estava planejando algo mais trabalhoso ou complicado como, por exemplo, chamar seus amigos para um jantar em casa, não era preciso muito esforço. Bastava que ele desse à esposa uma caixa de bombons de trufas. Ela abria um sorriso de orelha a orelha e era incapaz de lhe negar o que quer que fosse.

Lembrando exatamente disso, e dos conselhos do Coach, o diretor teve a iniciativa de pesquisar mais sobre o chocolate. Um *insight* trouxe-lhe à mente a ideia de que o reconhecimento deveria ser acompanhado de algum tipo de prêmio físico como manifestação da percepção que o funcionário tinha se superado em seu trabalho. E, ora, se o chocolate funcionava tão bem em casa, por que não haveria de funcionar na empresa?

A ideia principal era bem simples. Na realidade, um elogio é apenas "palpável" pelo ego. Um objeto concreto como o chocolate seria perceptível pelos cinco sentidos. A visão, por meio da embalagem atraente que seduz de imediato o olhar e convida a descobrir o "tesouro" oculto nela encerrado. A audição, com o barulhinho característico do papel quando se abre a embalagem. O tato, através do seu suave toque. A estrutura mole e elástica dos bombons também pode ser sentida entre os dedos. O olfato, pois tal como ocorre com o vinho, o nariz sente o aroma do chocolate. Finalmente, o paladar, quando o chocolate derrete na boca e é possível sentir todo o seu sabor.

Pragmático, Fontoura tratou de pesquisar sobre os "poderes" do chocolate e não foi difícil descobrir que esse alimento, além de agradar ao paladar de praticamente todas as pessoas, apresenta características que acabam por torná-lo o elemento ideal para manifestar reconhecimento e estimular os funcionários.

O chocolate, por ser rico em magnésio e triptofano, é um forte liberador de serotonina, hormônio responsável pela sensação de prazer, felicidade e bem-estar. Um pedaço de cerca de 30 gramas é suficiente para que a pessoa sinta-se acolhida, protegida, bem consigo mesma e, no caso em questão, valorizada.

Além disso, o chocolate age como estimulante na medida certa, por ser rico em teobromina e em cafeína, que aumentam sensivelmente a capacidade de concentração e a disposição das pessoas. Por conta dessas propriedades, no âmbito do trabalho, o funcionário se sente energizado, focado e com disposição para buscar resultados.

No caso de sua esposa, Marilene, Fontoura costumava brincar que o chocolate servia para aliviar-lhe a TPM (tensão pré-menstrual) todos os meses. Transpondo para o ambiente corporativo, isso também poderia ocorrer. Só que definiu o significado da sigla como Tensão Pró-Metas. O chocolate amenizaria essa TPM, ajudando o funcionário a administrar as tensões do dia a dia, facilitando a busca das metas estabelecidas e, inclusive, a sua superação.

Os componentes do chocolate são altamente nutritivos e calóricos. Assim, esse alimento controla o apetite, sacia a fome, possibilita um aporte calórico e energético para o organismo como um todo. Dessa maneira, a equipe apresenta o humor equilibrado, sente-se com energia para desempenhar bem suas tarefas e com espírito para aceitar novas sugestões.

Ao ler essas informações sobre os poderes do chocolate, Fontoura se lembrou da história que o Coach havia lhe contado ao término da última reunião e que o deixara muitíssimo intrigado...

Pesquisa de campo

A exemplo de Fontoura, promova uma pesquisa em sua empresa sobre os motivos pelos quais as pessoas pedem demissão. Inclua, se possível, essa rotina na área de recursos humanos.

Ao fazer o diagnóstico, observe se sua equipe está satisfeita com a companhia no que diz respeito a salários, benefícios, plano de carreira, treinamentos, além de outros aspectos intangíveis, como o clima da empresa.

Busque conhecer individualmente as pessoas para ter pistas sobre o que mais motiva cada uma – *status*, dinheiro, informação, novas oportunidades – e assim optar pelo tipo de reconhecimento adequado.

Pausa para um docinho

"O prazer no trabalho aperfeiçoa a obra."
Aristóteles

O poder do chocolate no âmbito do trabalho estava explícito na seguinte história contada pelo Coach a Fontoura.

Logo que chegou à base militar na Terceira Estação da Antártida, o coronel Alfredo Maia ficou preocupado com sua atribuição: liderar quase duzentos profissionais, entre civis e militares, em clima inóspito (a temperatura chegava facilmente a 40 graus negativos). Manter e melhorar o propósito da instituição ali era realmente um grande desafio.

Além do frio intenso e da alimentação repetitiva, uma das maiores queixas dos trabalhadores era a saudade do lar. Obviamente não se tratava de um trabalho forçado – todos estavam ali por livre e espontânea vontade – porém, mesmo com salários acima da média de mercado, a rotatividade era muito grande.

Feitas as primeiras observações em seu livro de notas, o coronel Alfredo organizou em sua mesa de trabalho todos os objetos de uso diário – canetas, cachimbos, tabaco, cronômetro, bússolas e sua caixa de bombons – antes de chamar seu imediato para os despachos do dia.

– Bom dia, senhor! – cumprimentou o capitão Sodré ao entrar na sala de seu superior. – Quais são as ordens do dia?

O coronel Alfredo ficou impressionado com a frieza daquela primeira conversa. Nem mesmo um "bem-vindo" ou qualquer outra coisa do gênero.

– Sente-se – convidou o coronel, enquanto apanhava um bombom na caixa e o desembrulhava. – Como sabe, sou novo aqui na base e preciso me informar sobre toda a situação. A quantas andam as escavações? Como está nossa produção de hidreto de metano? Como vai o moral de nosso pessoal? Quais são as dificuldades?

O hidreto de metano é uma mistura de água congelada com gás metano. Raramente é encontrado na natureza e tem enorme valor comercial, já que substitui muito bem outros combustíveis e é superior a todos do ponto de vista econômico.

– As escavações seguem no ritmo normal – respondeu o capitão Sodré. – Já estamos há seis anos extraindo a mesma quantidade diária de hidreto de metano sem a necessidade de aprofundar demais o local das escavações. A meta é triplicar a produção, mas como a rotatividade do pessoal é muito alta, perdemos tempo excessivo com o treinamento dos novos trabalhadores e com a adaptação deles a este lugar horrível.

Enquanto conversavam, o coronel percebeu que o capitão olhava com autêntica gula para a caixa de bombons. Era provável que há muito tempo o subordinado não saboreasse, ou quiçá visse um pedaço de chocolate.

– Há quanto tempo está aqui, capitão? – indagou o coronel.

– Desde o início das atividades da companhia nesta região, senhor – respondeu o imediato. – Ou seja, há seis anos e meio.
– Gosta de chocolate, capitão Sodré?
– Muito, senhor!
– Pois bem. Prove um dos meus – convidou o coronel, empurrando a caixa de chocolates na direção do oficial.

O coronel Alfredo pôde perceber que as pupilas de Sodré dilataram-se ao pegar cuidadosamente o bombom. Ao desembrulhá-lo, o capitão ficou até mais confortável e relaxado na cadeira e, ao degustá-lo, esboçou uma expressão de prazer em suas feições.

– São meus favoritos – disse o imediato, ainda saboreando o chocolate.

– Ajude-me a melhorar nossa produção, capitão Sodré. Claro, sem perder a qualidade e mantendo os padrões de segurança – falou o coronel. – Se conseguir isso, vou presenteá-lo com uma caixa de bombons.

Nas semanas seguintes, Alfredo ainda lutava para conhecer e se familiarizar com todas as dependências da estação. O frio era o maior inimigo daquelas pessoas e parecia que mesmo o calor humano e a solidariedade vinham se apagando entre os trabalhadores naquele lugar.

Por isso, quando o coronel via um bom resultado, presenteava o colaborador com um de seus chocolates, o que gerava comentários entre todos e fazia crescer a produção de modo significativo.

As propriedades estimulantes do chocolate realizaram alguns milagres na linha de produção da estação. O índice de acidentes chegou ao menor resultado de todos os tempos, embora a produção tivesse aumentado e o local de escavações tivesse sido aprofundado.

E Alfredo continuava a distribuir os chocolates a cada bom trabalho executado. Conforme prometera, o coronel presenteou o capitão Sodré com a caixa de bombons. Os olhos do imediato encheram-se d'água, como se aquele tivesse sido o melhor presente que recebera em toda a sua vida.

– Capitão, pensei em pedir ao comandante-geral uma melhoria em seus vencimentos – disse o coronel.

– Seria ótimo, senhor – replicou o oficial. – Mas sei muito bem como funciona a política da corporação em relação a aumentos de salário. O processo é burocrático e demorado. Ficaria muito mais feliz se pudesse ser gratificado sempre desta forma: com chocolates!

O coronel Alfredo ficou impressionado. Como alguém pode preferir chocolates a dinheiro? A resposta era simples: o que Sodré faria com dinheiro a mais naquele deserto gelado? O chocolate, por sua vez, era uma gratificação imediata, a moeda mais valiosa para aquela comunidade de trabalho. Além disso, somente quem se destacava recebia o prêmio, o que significava o reconhecimento da excelência no desempenho de suas funções.

Seis meses depois da chegada do coronel Alfredo à base militar na Terceira Estação da Antártida, a produção de hidreto de metano já atingira a meta proposta: triplicara em quantidade. E mais: as escavações foram aprofundadas em muitos metros até o ponto em que começaram a extrair carbono na forma de carvão mineral, para surpresa de todos.

Em pouco tempo, com o excelente nível de satisfação dos funcionários – todos já haviam sido premiados com chocolate pelo menos uma vez – e sem que o índice de acidentes tivesse aumentado, surgiu a surpresa maior. A equipe alcançou um nível tão profundo nas escavações que o carvão já sofrera alterações físicas suficientes a ponto de ter se transformado em valiosíssimos diamantes.

Você é um líder chocolate?

O líder chocolate é aquele que torna as relações de trabalho mais leves, sem perder a seriedade e o comprometimento que a empresa exige, a exemplo do coronel Alfredo. Faça o teste a seguir, analisando as frases e marcando as que mais refletem a sua atitude, e verifique o seu potencial para atuar ao estilo do líder chocolate:

( ) Avalio os pontos fortes de cada pessoa da equipe, direcionando o trabalho para que todos tenham um desempenho melhor no grupo.

( ) Treino a equipe tirando o máximo de cada um. Coloco todos em situações desafiadoras, fazendo rotação de trabalho (*job rotation*) e preparando-os para formar novos líderes.

( ) Com a equipe treinada, acompanho e dou suporte para a melhoria contínua, elogiando o que deu certo e fazendo novo plano de ação para corrigir o que não saiu de acordo com o planejamento inicial.

( ) Estou sempre buscando descobrir talentos melhores do que eu; preparo esse pessoal direcionando para seu crescimento na empresa, consciente de que este é o meu papel como líder.

( ) Atuo junto com a equipe, incentivando, inclusive, um bom relacionamento familiar por meio de visitas do cônjuge e dos filhos à empresa. Dessa maneira, a família sente orgulho do trabalho do colaborador.

( ) Cada membro da equipe sabe da responsabilidade de bater metas, e que será cobrado por isso; dou todo o meu apoio para que isso aconteça.

( ) "Ótimo resultado! Vamos nos superar, porque sempre podemos mais e a concorrência não nos espera" é uma de minhas frases típicas.

( ) Sempre digo para minha equipe: "Como você acha que fica melhor? Quais os prós e os contras dessa atitude que você quer tomar? Faça o que for melhor para a empresa mesmo que para isso tenha que abrir mão de algo".

( ) O importante é seguir os valores da empresa, treinar para ter a equipe certa e bater as metas.

( ) A equipe não depende de mim, pois tudo está definido e claro através dos processos, do treinamento vivencial e da cultura da empresa.

Resultado

Se você marcou de 8 a 10 itens:
Parabéns, você é um líder chocolate! Você tem empatia, envolve a equipe, pensa no colaborador e, assim, consegue diminuir a rotatividade e incrementar os lucros. Portanto, deixa as relações de trabalho mais gostosas, tal qual o chocolate, sem deixar de ser rígido com as metas.

Se você marcou entre 4 e 7 itens:
Você está no caminho certo para ser um líder chocolate. Busque aprimorar seu relacionamento com a equipe e, se for preciso, procure apoio externo por meio de cursos e coaching, por exemplo, que possam ajudá-lo a atuar melhor no trato com os colaboradores. Esteja atento a todas as oportunidades de autodesenvolvimento.

Se você marcou menos de 3 itens:
Não se preocupe, o importante é a sua vontade de mudar. Lembre-se de que a liderança é algo que se conquista, não é imposta. Procure mentores dentro da empresa para seu autodesenvolvimento. Aceite os insucessos como motivadores para o seu crescimento e aprendizagem.

O início da gestão do líder chocolate

"Bons líderes fazem as pessoas sentirem que elas estão no centro das coisas, e não na periferia. Cada um sente que faz a diferença para o sucesso da organização. Quando isso acontece, as pessoas se sentem centradas e isso dá sentido ao seu trabalho."
Warren Bennis

Ao refletir sobre a história contada pelo Coach a respeito de como o coronel Alfredo incentivava os colaboradores na Antártida, Fontoura percebeu claramente que a recompensa como manifestação de reconhecimento por trabalhos bem executados tinha sido a mola mestra para o desenvolvimento daquela estação gelada, bem como a principal razão para ter diminuído a rotatividade de funcionários.

Depois de ter tomado conhecimento sobre as qualidades extraordinárias do chocolate, ele chegou à conclusão de que não poderia haver, realmente, melhor prêmio que o próprio chocolate. Pensou, imediatamente, em adotar essa estratégia em sua empresa. O investimento seria insignificante e a relação custo-benefício poderia ser muitíssimo favorável.

Fez vir à sua presença o gerente do departamento comercial e explicou-lhe sua ideia:

– Vamos premiar cada funcionário que ultrapasse a meta de vendas estabelecida e os comportamentos de superação que contribuam para o departamento. O prêmio será um chocolate. O colaborador guarda a embalagem e, juntando sete, poderá trocá-las por um vale que possibilitará descontos na aquisição de mercadorias de luxo em lojas com as quais vamos estabelecer parcerias.

O gerente achou a ideia um tanto estranha, mas, como estava ali para seguir as orientações da diretoria, não discutiu.

A notícia rapidamente se espalhou entre os vendedores. Já no final da primeira semana o gerente constatou, para sua surpresa, um aumento substancial nas vendas e, concomitantemente, uma significativa melhoria na qualidade do atendimento aos clientes e na disposição de toda a sua equipe.

– É incrível! – comentou ele com Fontoura. – Quando dissemos aos vendedores que o incremento nas vendas significaria vencimentos mais altos por causa da participação nos lucros, não tivemos o mesmo resultado!

– A explicação é simples – disse Fontoura. – O aumento na participação dos lucros ocorre uma vez por ano e é igual para todos. A premiação com um chocolate é individual e representa o reconhecimento da chefia por um trabalho bem-feito, por uma meta superada. Dessa maneira, o ego de cada funcionário é massageado. E isso todos notam. A parte material, ou seja, a troca das embalagens por um vale com o qual ele vai adquirir um produto de luxo que, provavelmente, jamais teria coragem de comprar, fixa o reconhecimento na mente e na alma do funcionário. Ele jamais esquecerá como conseguiu comprar esse objeto. E é exatamente isso que queremos: que ele lembre o que aconteceu e que comente com seus amigos e colegas de trabalho como ganhou aquilo.

Com a implantação dessa estratégia e o acompanhamento rigoroso do que estava acontecendo, Fontoura notou que nas primeiras vezes em que o gerente premiava um funcionário, ambos ficavam desconcertados. Dava a impressão que um tinha vergonha de dar e o outro, de receber o prêmio.

Observou também que a mesma situação acontecia em outros departamentos. Os gerentes sentiam-se deslocados ao entregar os chocolates, especialmente porque isso tinha de ser feito na frente de outros funcionários para que todos soubessem quem tinha sido premiado.

Não foi difícil encontrar a razão do constrangimento: a imensa maioria dos gestores não sabia como manifestar reconhecimento por um trabalho bem executado e de superação. Porém, Fontoura também descobriu que esse problema era apenas transitório e, muito rapidamente, tanto os gerentes quanto os funcionários passaram a gostar de receber elogios, de dar os prêmios e, principalmente, de ganhá-los.

Admirado, o diretor percebeu que os colaboradores davam mais valor aos elogios e às recompensas vindos de seus superiores imediatos (gerentes e supervisores) do que aqueles emitidos pelos executivos da alta direção. A explicação era bastante simples: os executivos eram pessoas distantes e até mesmo intimidadoras. Já os gerentes e os supervisores eram considerados colegas de trabalho, simplesmente mais graduados.

Quinze dias após a implantação da nova política, Fontoura achou por bem convocar todos os gerentes e supervisores para uma palestra com o Coach. Ele sabia que, apesar dos resultados inegavelmente ótimos que estavam colhendo, haveria dúvidas e quem seria melhor do que o Coach para elucidá-las?

A primeira grande dúvida, como Fontoura pôde perceber no encontro, estava relacionada com o comportamento e a hierarquia. Vários gestores achavam que enfrentariam dificuldades para manter o respeito entre os subordinados caso se mostrassem muito calorosos e amigáveis.

Para surpresa geral, o Coach disse:

– Vocês estão redondamente enganados. A "era do terror" acabou há muito tempo! Hoje, as pessoas não trabalham com afinco simplesmente por temerem perder o emprego. Muito pelo contrário, elas trabalham mais e melhor para gestores que manifestam interesse e preocupação em relação a elas. E o reconhecimento por um trabalho executado com excelência é a melhor maneira de demonstrar isso.

Alguns gestores colocaram em dúvida a essência da estratégia, questionando sobre a necessidade de o reconhecimento ser público. Outros, mais radicais, duvidaram da eficácia das recompensas, alegando que os funcionários estavam ali para trabalhar e que, obrigatoriamente, teriam de fazer seu serviço da melhor forma possível.

– De fato – concordou o Coach –, todos estão aqui para trabalhar e têm a obrigação de realizar suas tarefas da melhor maneira possível. Aliás, são pagos para isso. Porém, um dos problemas está justamente nos parâmetros que determinam qual é "a melhor forma possível". Uma coisa é executar bem um trabalho que pode ser feito em uma hora, mas levar um dia inteiro para isso. O trabalho terá demorado oito horas e estará bom, mas poderia ter a mesma qualidade e ter demorado apenas uma hora. O funcionário que for elogiado por trabalhar bem e rapidamente certamente repetirá o feito. E, se for recompensado, fará melhor ainda.

Com um sorriso, o Coach ressaltou:

– É preciso entender que o reconhecimento e a recompensa não são delicadezas empresariais, mas fazem parte de uma estratégia de negócios que visa ampliar a produção e diminuir a rotatividade de funcionários. Por isso, a política de reconhecimento e recompensas tem de ser mantida de forma constante, consistente e significativa. Justamente por esses motivos, o reconhecimento tem de ser público e imediato, ou seja, logo após o serviço bem executado ter sido percebido pela chefia.

– Mas poderemos ser acusados de favoritismo se, por exemplo, o mesmo funcionário for premiado várias vezes – argumentou um supervisor. – Por isso, tenho optado por fazer os elogios para toda a equipe. Mostro, assim, reconhecimento ao grupo todo.

– É um erro – enfatizou o Coach. – Você está premiando todos, indiscriminadamente, por algo que foi executado por apenas um. Dessa forma, está desmotivando o bom funcionário e, ao mesmo tempo, estimulando o desempenho insuficiente dos colaboradores medíocres ou até daqueles que trabalham abaixo da média. É preciso reconhecer individualmente os desempenhos específicos que realmente fazem a diferença para a empresa. Essa atitude acabará, fatalmente, por estimular os medíocres e os mais fracos a se esforçarem para também receber elogios. E esse esforço haverá de ser traduzido num aumento significativo no rendimento da equipe.

– Com certeza surgirão comparações – deduziu outro gerente. – Haverá quem ache que Fulano ou Beltrano recebeu uma recompensa melhor.

– Isso será inevitável – respondeu o Coach. – Mas a forma de contornar esse problema é justamente fazer o reconhecimento publicamente e dar a recompensa diante de testemunhas.

– Os funcionários vão se sentir encorajados a pedir aumento de salário – falou outro gerente. – Vão ficar fortalecidos pelos elogios e se acharão merecedores de maiores ganhos.
– Esse é outro conceito errado – replicou o Coach. – Geralmente acontece exatamente o contrário. Vários estudos sobre o tema mostram que os empregados que estão satisfeitos e valorizados apresentam menor probabilidade de pedir aumento.

Encerrando a palestra, o Coach disse:
– É importante que vocês tenham sempre em mente que, quando o reconhecimento é demonstrado, as pessoas procuram manter-se na mesma empresa à espera de mais uma dose de reconhecimento. E depois outra, e outra, e assim sucessivamente. Enquanto isso, elas obtêm resultados cada vez mais positivos. Na realidade, nada é mais verdadeiro do que a máxima "Você colhe o que semeia". Dê a seus subordinados o reconhecimento alinhado aos objetivos da empresa e eles produzirão os resultados que vocês querem.

A reunião com o Coach e a equipe de gerência e supervisão foi tão bem-sucedida que Fontoura decidiu repeti-la quinze dias depois. Ele pediu para que o time de líderes verificasse o desempenho dos funcionários o mais criteriosamente possível e colecionasse *cases* para serem apresentados e discutidos com o Coach. E, o mais importante, solicitou que fossem avaliadas as repercussões da política de reconhecimento e recompensas entre os funcionários.

Na semana seguinte, um dos gerentes apresentou o que considerava um problema. Como estava bastante acima do peso, sentia grande dificuldade em premiar seus subordinados com chocolates, uma vez que ele mesmo não podia comê-los por recomendação médica. Pedia, então, que lhe fosse permitida a escolha de outro prêmio.

— O chocolate é um bom prêmio não apenas por ser um presente — explicou Fontoura —, mas por possuir propriedades bioquímicas que favorecem a sensação de felicidade.

Fontoura percebeu que o gerente não se mostrou satisfeito com o que ouvira e, para não prolongar a conversa, recomendou:

— Você precisa dar o exemplo. Portanto, coma chocolate dietético e premie com chocolate tradicional.

A sugestão deu certo. Embora o gerente gorducho ficasse com inveja do colaborador premiado (que comia chocolate tradicional, cheio de açúcar e de gorduras, enquanto ele tinha de se contentar com um *diet*), em uma semana seu departamento teve um aumento bastante significativo na produtividade.

Esse problema, porém, serviu para atentar para uma situação que não tinha sido prevista até o momento: havia funcionários que, por problemas de saúde como diabetes ou alergias, não podiam ingerir chocolate.

Fontoura pensou que fosse interessante que esses colaboradores especificamente recebessem outros prêmios, como canetas por exemplo. Quase despertou um motim. Quando um dos funcionários foi informado de que receberia uma bonita caneta-tinteiro em vez de uma barra de chocolate, reclamou:

— Nada disso! Eu quero um chocolate!

— Mas você não pode comer! — censurou um supervisor.

— E quem disse que não posso? Uma barra de chocolate não vai me matar! É só eu tomar dez unidades de insulina a mais e pronto. E além do mais, ninguém precisa saber que eu sofro de diabetes e, se eu ganhar uma caneta, todos saberão.

Ficou decidido que aquele funcionário, quando premiado, receberia chocolate *diet* embrulhado em papel de chocolate tradicional. Dessa forma, sua privacidade seria preservada. E o interessante é que ele foi um dos mais premiados na organização. E comia com verdadeira gula as suas recompensas. Uma gula que certamente seria muito prejudicial para sua saúde caso fosse saciada com chocolate tradicional.

Outro ponto que mereceu atenção foi a definição das atividades que seriam reconhecidas e recompensadas. No setor de expedição, por exemplo, uma jovem foi indicada por executar rápida e impecavelmente sua função. Mas, ao analisar detidamente a dinâmica do setor, o gerente da área percebeu que ela só conseguia trabalhar daquela maneira porque os pacotes a serem remetidos vinham prontos e perfeitos para as suas mãos, inclusive com os dados do destinatário afixados. A ela competia apenas carimbar o remetente, pesar e anotar o peso final, colando o respectivo valor em selos. Logo, o maior mérito não era dela, mas sim de um tímido senhor que trabalhava ao seu lado e cuidava sozinho de praticamente tudo. Ele foi o premiado, muito justamente, afinal de contas.

No entanto, a política de reconhecimentos e recompensas logo motivou algumas piadinhas. As pessoas citavam o exemplo de uma companhia que ampliou os lucros em vários milhões de dólares, resultado do esforço de um único funcionário, e anunciou que todos receberiam um prêmio comemorativo: uma caneca de plástico. Lembraram-se também de outro caso, no qual um colaborador conseguira captar dezenas de negócios com altos ganhos para a empresa e, como recompensa, deram-lhe uma semana de férias no Havaí com tudo pago, inclusive as passagens de avião. Só que ele jamais foi, pois simplesmente tinha pavor de voar.

Fontoura, porém, já tinha previsto esse tipo de situação – a qualidade e o tipo de prêmio – desde o início do programa de recompensas. Foi por isso que ele determinou que sete embalagens de chocolate dariam direito a um cupom de desconto para compra de mercadorias de luxo. Com esse expediente ele evitava, além de comentários maldosos, prêmios errados. E tinha certeza de que o funcionário escolheria algo que lhe fosse útil – mesmo que apenas para satisfazer um desejo, um capricho ou uma vaidade – e jamais esqueceria de que forma havia feito a compra e o porquê de ter recebido aquilo.

Na reunião seguinte, o Coach confirmou o acerto de Fontoura neste aspecto da política de reconhecimento, citando uma pesquisa realizada nos Estados Unidos, na qual 63 por cento dos funcionários entrevistados disseram que seriam mais fiéis à empresa se os empregadores instituíssem uma política de reconhecimento e recompensas que lhes permitisse escolher prêmios que fossem efetivamente relevantes para cada um.[1] A partir desse ponto de vista, disse o Coach, é possível inferir, por exemplo, o que entre uma bonificação de 3.000 reais e um relógio com uma inscrição referente ao bom trabalho executado tem maior impacto. Qual fixa a lembrança do ocorrido por mais tempo? Qual possibilita maior fidelização do funcionário à empresa?

Lembrando que reter os bons colaboradores é um dos principais objetivos de uma política de reconhecimento e recompensas, o Coach reforçou:

– Não se deve dosar o reconhecimento, oferecendo um ou dois elogios por dia para cada funcionário. Os elogios e o reconhecimento têm de ser atribuídos sempre que forem merecidos. Não importa quantas vezes por dia ou por se-

---

1 Sondagem "Achieve More", feita pela American Express Incentive Services, revista *Potencials*, Estados Unidos, dez. 2000.

mana, ou para quantas pessoas, e devem sempre ser públicos e imediatos. O elogio deve vir no mesmo momento em que ele foi merecido. Não quero dizer com isso que não se possa elogiar "com atraso". Antes tarde do que nunca, mas quanto antes, melhor.

Para enfatizar o que acabara de dizer, o Coach fez uma pausa de poucos instantes e acrescentou:

– No entanto, o trabalho ou desempenho a ser elogiado deverá estar perfeitamente alinhado com a filosofia, os objetivos, os valores e a missão da empresa. É claro que deve ser elogiada uma atitude nobre e completamente alheia ao trabalho como, por exemplo, uma boa ação, um ato de heroísmo ou de caridade. Mas o reconhecimento que vale recompensa tem de ser por algo efetivamente relacionado com o trabalho na organização.

– Às vezes a tarefa em si é extremamente importante e representa muito mais do que um simples chocolate – disse um gerente, questionando se não era injusto sempre dar o doce.

– Tem razão – admitiu o Coach –, por isso, ninguém estipulou que lhe seja dado apenas um chocolate. Lembre-se que sete embalagens podem ser trocadas por um vale. Se vocês acharem que o funcionário merece, deem quantos chocolates julgarem adequados. Precisamos lembrar também que nem todos são verdadeiros super-heróis. Há aqueles que vêm para o trabalho sempre humildes, de cabeça baixa e executam sua tarefa de maneira perfeita. Estes não criam nada, não inventam nenhum processo revolucionário, mas também merecem reconhecimento. É claro que a medida representativa desse mérito varia de acordo com a relevância do trabalho executado e do desempenho do funcionário.

Olhando bem nos olhos de cada um dos gerentes que ali estavam, concluiu:

– Essa decisão será de cada um de vocês e para cada caso em particular. Vocês determinarão que tipo de recompensa vai trazer os melhores resultados em cada área.

Ao encerrar a reunião, o Coach pediu:

– Durante a próxima quinzena, até nosso novo encontro, façam uma relação de atitudes e de ideias que possam incrementar a política de reconhecimento e recompensas. Vamos tentar criar uma "Tábua dos Dez Mandamentos" para construir uma empresa absolutamente harmônica sob esse aspecto. A gente se vê daqui a duas semanas.

Muito além do chocolate

Gostou da ideia de motivar e premiar os funcionários com chocolates? Saiba que também é possível eleger outros brindes para conseguir resultado semelhante na empresa. A ideia é fazer com que os prêmios formais de reconhecimento e desempenho representem experiências memoráveis para os colaboradores, criando um laço forte entre eles e a organização.

Confira sugestões de prêmios que podem ser mais adequadas ao perfil da sua empresa e colaboradores:

- Pela manhã, "faça um mimo" e leve, pessoalmente, um café ou a bebida favorita do colaborador. Ou então, peça para ele escolher um restaurante e pague um almoço ou jantar, com direito a levar um acompanhante;
- Presenteie com um livro do autor preferido ou um título da área de atuação do funcionário;
- O colaborador vai adorar ter uma vaga especial no estacionamento pelo período de uma semana;
- Dê um vale-presente de uma loja de decoração e bricolagem para quem mudou de casa ou tenha realizado alguma reforma recentemente.

Ainda nessa linha, ofereça um vale-presente para o funcionário recém-contratado que se destacou, para que ele compre objetos e decore a mesa do escritório;
- Contrate um serviço de faxina por um período de quatro horas para a casa do funcionário;
- Libere a saída do colaborador para ele participar de uma atividade com os filhos;
- Escolha um esporte que, além de descontrair, estimule a concentração e a disciplina, e dê de presente algumas aulas;
- Para a equipe que precisa relaxar, opte por um dia de tratamento em um *spa* ou contrate um massagista para vir à empresa;
- Dê um dia de folga para o colaborador realizar algum tipo de trabalho voluntário;
- Crie um livro personalizado com fotos e histórias do funcionário, destacando seu bom desempenho durante o ano e as metas atingidas. Especialmente no aniversário do colaborador, esta também é uma boa opção: fuja do convencional e presenteie com um livro que registre as suas experiências junto com o aniversariante;
- Convide a equipe para assistir a um filme inspirador e dispense todos mais cedo;
- No mural do seu departamento, coloque mensagens de agradecimento de clientes internos e externos.

Alguns pedacinhos de chocolate

"É hora de amadurecer, não podemos mais viver num mundo novo com ideias velhas, se você tem à frente um time para liderar saiba que ser retrógrado jamais vai levá-lo à vitória e a conseguir o respeito de sua equipe."
Luís Alves

Na reunião seguinte, os gerentes escolheram um representante para falar sobre as atitudes que o grupo tinha listado para enriquecer a política de reconhecimento, de acordo com a solicitação do Coach. O gerente de produção, Rafael Almeida, pôs-se de pé e, segurando alguns papéis, começou a falar:

– Imaginamos que uma política de reconhecimento e recompensas deva começar pelos princípios básicos da educação. Assim, o primeiro tópico seria: diga sempre "bom-dia", "com licença", "desculpe", "muito obrigado", "esteja à vontade", "até logo", "até amanhã", "boa-tarde", "boa-noite". A impressão que temos, nos dias de hoje e, principalmente, nas cidades grandes, é que esse tipo de delicadeza foi completamente abandonado. Mas não se pode usar a falta de tempo, o excesso de preocupações ou de pressões como desculpa para esquecer aquilo que nos foi ensinado desde a mais tenra infância.

Ouviu-se um murmúrio de aprovação, e Almeida prosseguiu:

– Um elogio não deve ser feito apenas à pessoa interessada e somente para conhecimento da mesma. Ele tem de ser público e deve chegar às pessoas mais próximas do elogiado e que, normalmente, não estão presentes naquele instante, ou seja, esposa, marido, pais, irmãos... Dessa maneira, enviar uma carta com o elogio para a família do colaborador é excelente, afinal ele se esforça em função da família e não apenas de si mesmo, de seu ego.

Olhando com intensidade para o grupo, o gerente falou:

– Também é importante fazer com que os funcionários sintam-se em família dentro da empresa. Por isso, é interessante lembrar datas especiais para o colaborador, como o aniversário dos filhos, por exemplo.

Almeida enfatizou que era importante descobrir as preferências culturais dos funcionários, pois, de posse dessa informação, é mais fácil estabelecer recompensas.

– Além do chocolate como recompensa, sugerimos presentear os funcionários com entradas para teatro, concertos e cinema ou dar um livro de seu autor predileto – disse.

E prosseguiu:

– Normalmente, o bom humor é de grande valia. Por isso, vamos ter sempre em mãos pequenos brindes engraçados para dar a quem merece um elogio.

Imaginando tornar público tudo o que acontece em termos de superação de metas, o gerente de produção sugeriu:

– Pensamos em criar um boletim com imagens e histórias do que foi conseguido durante um determinado período; pode ser mensal, bimestral ou trimestral.

Com o objetivo de estimular a interação com a equipe, outra sugestão dos líderes foi a seguinte, nas palavras de Almeida:

– Promover uma reunião mensal num local fora da empresa, quando as ideias serão compartilhadas e o reconhecimento será manifestado, pelo menos, a uma pessoa. O ideal é que seja realizado durante um jantar, pois assim há mais flexibilidade de horário para terminar.

Por fim, outra proposta do grupo de gerentes:

– Vamos criar um painel em cada departamento, onde serão afixadas as cartas de elogio e agradecimentos de clientes externos e internos – explicitou Almeida.

Ao ouvir essas ideias, o Coach reconheceu o esforço do time de líderes e deu um *feedback* positivo por aquele trabalho tão alinhado com a proposta inicial. Depois, encerrou a reunião com mais um conselho:

– No que diz respeito à gestão e à liderança, é importante destacar que apenas reconhecimento e recompensas não são suficientes para manter os índices de rotatividade de funcionários baixos e nem aumentar a produtividade. É preciso pagar salários justos. Mas o que queremos deixar claro é que um funcionário que receba, por exemplo, 36.000 reais por ano numa determinada companhia, não tentará migrar para outra que lhe pague 40.000 reais por ano, se a primeira tiver uma política sólida e eficiente de reconhecimento e recompensas. Mesmo recebendo um salário menor, ele não fará essa mudança porque estará satisfeito onde é reconhecido e recompensado. Na realidade, será essa política que fará o funcionário sentir-se importante e parte integrante da organização, mantendo-o fiel, comprometido e estável em sua função.

Segundo o Coach, a experiência mostra que as recompensas monetárias, além de bastante dispendiosas, não são suficientes para motivar, estimular e fidelizar os funcionários. Isso ocorre porque eles se acostumam depressa aos prêmios materiais, chegando ao que já se denominou de "inflação dos prêmios". E há sempre outro problema: quando um colaborador necessita muito de dinheiro, o que é uma situação comum, ele pode pegar alguns atalhos visando maximizar seus ganhos, mesmo que isso signifique queda da qualidade.

Um estudo mencionado pelo Coach informou que metade dos gestores consultados afirmou que reconhecer os bons resultados de um empregado é, às vezes, até mais eficaz do que o local de trabalho, o salário e os outros benefícios.[1]

Apesar de muitas empresas ainda hoje não enxergarem que uma política de recursos humanos eficaz contempla um programa consistente de recompensas, reconhecimento e elogios, essa é uma tese que vem de longa data. O Coach contou também que, em 1949, o perito em motivação Lawrence Lindahl pediu a alguns funcionários que listassem as recompensas do seu trabalho. Depois, solicitou aos gestores que mencionassem aquilo que achavam que os empregados queriam. No topo da lista dos gestores estava "dinheiro" e "segurança". Já os funcionários queriam "sentir-se valorizados". O resultado mostrou que, quando os colaboradores se sentiam reconhecidos e envolvidos, a probabilidade de se preocuparem com dinheiro e segurança no emprego era menor. Nos anos 1990, o estudo foi repetido para verificar quais seriam as expectativas de ambos os lados em tempos mais recentes. Os resultados foram exatamente os mesmos.[2]

---

1 The Conference Board, HR *Executive Review*, artigo "Employee Recognition Program", 1999.

2 J.M. Kouzes e B. Z. Posner. *Encouraging the Heart*. São Francisco, Editora Jossey-Bass, 1999.

De acordo com artigo publicado na revista Workforce em julho do ano 2000, a American Psychological Association, organização científica e profissional que representa os psicólogos nos Estados Unidos, relata que os prêmios e o reconhecimento são elementos fundamentais para uma empresa sustentável. Isso comprova que, com esse tipo de recurso, é possível aumentar a produtividade e o moral da maior parte da equipe.

No Brasil, o levantamento *Por que está tão crítico reter profissionais?*, conduzido pelo Hay Group, empresa global de gestão de negócios, identificou a retenção de talentos como uma das prioridades das empresas. O estudo indicou que 84 por cento das companhias não possuem políticas estruturadas de retenção de profissionais. Para a pesquisa, foram consultadas no país 98 organizações de diversos setores da economia, entre 2008 e 2011, num total de 420.000 profissionais que ocupavam desde posições operacionais até a alta liderança.[3] A remuneração não foi citada como fator prioritário quando se trata de reter os talentos. Pelo contrário, as razões que mais influenciam a decisão de um funcionário permanecer em uma empresa são: valores e liderança e percepção de suporte oferecido pela organização.

Depois de fazer esses comentários, o Coach concluiu:

– A quantidade de reconhecimento e de valorização que podemos dar à equipe é a única coisa na nossa vida como gestor que não depende da aprovação de ninguém. Temos controle total e absoluto, e a custo zero.

Mais quinze dias se passaram, durante os quais Fontoura, os gerentes e os supervisores notaram algumas dificuldades que mereceram ser discutidas com o Coach.

---

[3] Dados disponíveis em https://www.haygroup.com/br/downloads/details.aspx?id=31747. Acesso em 21/5/2013.

Uma das questões mais polêmicas foi justamente a maneira e o momento de fazer um elogio e a sua qualidade. Quando inquirido sobre o assunto, o Coach falou:

– Muitos gestores julgam que fazer elogios genéricos é o suficiente. Estão enganados. O elogio genérico não transmite e não especifica o que a pessoa fez de correto, onde e como se superou e qual o benefício que sua atitude trouxe para a equipe e para a empresa. Um elogio genérico soa pouco sincero, no mínimo. Não deixa perceber que a chefia tem perfeito conhecimento do que é obrigação e do que é superação por parte do funcionário. Assim, no momento de fazer um elogio, deve-se descrever o comportamento correto observado: como, por que e de que forma este foi útil para a equipe e para os objetivos da organização. E não esqueçam que o agradecimento é parte integrante do reconhecimento, e não simplesmente uma fórmula de boa educação. Além disso, é preciso ter sempre em mente que há alguns elementos-chave para que os elogios sejam eficazes.

O Coach mencionou três pontos essenciais para o sucesso dos elogios:

- Elogiar no momento certo: logo após a atitude correta ser percebida e sempre diante de várias testemunhas;
- Ser sincero: jamais adotar um tom de ironia ou sarcasmo. Além disso, não menosprezar os demais funcionários e nem estabelecer comparações comportamentais;
- Estar preparado para elogiar corretamente: os gestores precisam estar atentos para perceber as atitudes elogiáveis dos funcionários e conhecer perfeitamente as dificuldades por eles enfrentadas para que possam avaliar convenientemente os momentos de superação.

Percebendo que não havia nenhuma dúvida quanto ao que ele tinha acabado de explicar, o Coach continuou:

– O reconhecimento e a recompensa devem ser orientados por uma sequência lógica que se resume em Empresa ou Departamento, Indivíduo e Prêmio. Explico: quanto à Empresa, o gestor precisa estar preparado para contar a história, conquistas e dificuldades que ela enfrentou durante sua trajetória, bem como dissertar sobre objetivos e missão. É importante que ele saiba dizer as razões pelas quais a Empresa é um bom lugar para se trabalhar e a qualidade de seus produtos. Lembrem-se de que nunca é demais exaltar as qualidades da organização, a excelência dos serviços prestados e os pontos em que ela pode melhorar com a ajuda dos funcionários.

Após breve pausa, ele prosseguiu:

– No que concerne ao Indivíduo, o gestor deve relacionar especificamente o que o elogiado fez para merecer a homenagem e de que forma a sua ação contribuiu para serem alcançados os objetivos e a missão da empresa. Numa homenagem pública, o gestor poderá convidar colegas do homenageado para falar sobre a sua pessoa, criatividade, companheirismo etc. Também ao falar sobre o Indivíduo, o gestor poderá fazer uso de um artifício retórico, falando sobre Situação, Ação, Impacto e Ligação aos valores da empresa. Situação nada mais é do que o problema que se apresenta e a oportunidade de encontrar a solução mais rápida, eficaz e adequada. A Ação é o que foi feito e deve ser explicada de maneira específica. O Impacto é o resultado da Ação, e a Ligação aos valores da empresa refere-se à maneira como a Ação contribuiu para a organização.

Encerrando sua fala sobre a sequência lógica, o Coach disse:

– Depois de tudo isso, o gestor falará sobre o Prêmio. Em qualquer caso, seja um prêmio formal ou não, ele deve dissertar sobre o simbolismo incorporado ao objeto, mesmo que essa relação seja óbvia. Faz-se necessária uma explanação detalhada relacionando o Prêmio ao bom trabalho executado. E, evidentemente, terminar sua preleção com um agradecimento sincero. Um "muito obrigado" que todos devem entender e não apenas supor.

Um dos gerentes pediu licença e argumentou:

— Mas nem sempre estamos com ânimo para tudo isso. Quando as coisas estão ruins para a empresa ou para o país, acho que não há entusiasmo para esse tipo de celebração!

O Coach sorriu e retrucou:

— Pois é justamente neste ponto que reside uma das maiores vantagens do chocolate como recompensa: qualquer hora é hora e suas propriedades bioquímicas ajudam muito a elevar o moral de todos, especialmente daquele que o recebe. Ao contrário das recompensas monetárias, que desaparecem rapidamente quando os tempos financeiros estão tempestuosos, o chocolate adoça, acalma, distrai a mente e leva a um estado de espírito com mais otimismo e esperanças.

— Mas o senhor fala como se o chocolate fosse uma espécie de droga euforizante... — ponderou um dos gerentes.

O Coach meneou negativamente a cabeça e disse:

— Muito embora os cientistas tenham detectado a presença de THC (tetra-hidrocanabinol), a substância ativa da *Cannabis sativa*, ou seja, da maconha, a quantidade desse componente encontrado no chocolate não é significativa. Portanto, não é suficiente para causar as sensações típicas que o fumo da maconha proporciona. Contudo, pela própria história do chocolate, alimento originário da América do Sul e utilizado pelos povos antigos, como os maias e os astecas, podemos inferir que ele proporciona certo grau de euforia que, para alguns, seria atribuído à presença do THC ainda que em quantidade diminuta.

Com um sorriso, ele acrescentou:
— Há os que se dizem chocólatras ou viciados em chocolate. Mas vício em chocolate, eu chamaria mais de "desculpa esfarrapada", uma falsa justificativa para consumir mais e mais desse delicioso quitute... Assim, não é preciso ter medo de "viciar" seus funcionários. E tratem de aproveitar ao máximo as propriedades "euforizantes" dessa iguaria que nos foi presenteada pelos maias e astecas!

Por indicação do Coach, Fontoura e os gestores implementaram alguns mecanismos na política de reconhecimentos e recompensas, sempre visando a excelência no desempenho e o comprometimento dos funcionários.

Assim, ficou decidido que era fundamental que todas as pessoas de comando, executivos e gestores, que detinham o poder e a obrigação de reconhecer e de estabelecer recompensas, deveriam:

- Conhecer bem os colaboradores. Saber seus gostos, preferências, vida familiar, interesses etc. Com o conhecimento amplo e profundo dos funcionários, é possível exigir mais deles, sem extrapolar os limites individuais;
- Mostrar que se preparou para a ocasião do reconhecimento e da premiação. Todos os funcionários, e não apenas o homenageado, darão mais valor ao reconhecimento e à recompensa se perceberem claramente que o gestor investiu seu tempo preparando-se para este momento;
- Comunicar e convidar todos com alguns dias de antecedência para a cerimônia de reconhecimento e premiação;
- Estar ciente de que a cerimônia de reconhecimento e premiação é uma das mais importantes ferramentas de motivação de uma empresa. Algumas companhias, especialmente as nipônicas e as norte-americanas, preparam

algo diferenciado para esses momentos. Elas montam, por exemplo, uma banda musical (fanfarra) para celebrar com bastante barulho o reconhecimento por um trabalho bem executado. A fanfarra invade a sala do homenageado tocando ruidosa e alegremente e não é raro ver o funcionário comovido até às lágrimas com esse tipo de manifestação de reconhecimento;
- Lembrar que clientes e funcionários não se despedem da empresa, mas sim de seus líderes ou gestores;
- Conscientizar-se de que a ligação entre o reconhecimento e o êxito operacional é um dos mais importantes critérios-chave de sucesso, tanto para a organização quanto para os gestores individualmente.

Outro ponto discutido com o Coach dizia respeito à frequência com que o reconhecimento pode ou deve ser feito. Ele explicou:

– É preciso ter cautela, uma vez que não seria bom banalizar o reconhecimento. Devemos ter maturidade e equilíbrio para distinguir o que é realmente obrigação do funcionário e o que é mérito. O mérito é uma atitude que vai muito além da obrigação, algo de superação, superlativo, incontestável. É o mérito que tem de ser reconhecido. Sempre! É importante que o gestor saiba que há diferentes tipos de méritos. Há aqueles que podem acontecer diariamente ou até várias vezes num único dia. E outros que ocorrem uma vez ao ano – estes são mais valiosos que os primeiros. Por exemplo: em geral, um vendedor consegue efetuar vendas que ultrapassam a sua meta diária. Ele merece reconhecimento, afinal, está superando a obrigação de bater a meta. Mas apenas esporadicamente o vendedor consegue fazer uma venda que supere a meta de um ano inteiro.

O Coach explicou que, basicamente, há três formas de reconhecimento, cuja frequência também varia de acordo com a ocasião: o elogio verbal, os prêmios informais e as recompensas formais.

O elogio verbal ou agradecimento pode ser direcionado a cada funcionário uma vez por semana, pelo menos. São reconhecimentos reservados a atitudes corretas, embora mais corriqueiras. Esses elogios, como quaisquer outros, devem ser feitos, de preferência, em público e têm de ser bastante específicos, ou seja, deve-se mencionar claramente a atitude que mereceu reconhecimento.

Os prêmios informais são oferecidos aos funcionários que se destacam por uma ou mais atitudes nas quais houve nítida superação ou atingimento de metas. Podem ser prêmios de qualquer espécie – desde entradas para cinema até um jantar com a família num restaurante da moda – e devem ser dados uma vez por mês aos funcionários que mais se destacaram.

Por fim, os prêmios formais são oferecidos anualmente, numa cerimônia solene, para os colaboradores que superaram as metas estipuladas ou trouxeram as melhores ideias para a empresa durante o ano. Esses prêmios podem ser mais valiosos e também simbólicos, fazendo uma referência direta à imagem da empresa (placa com logomarca, relógio com gravação personalizada etc.).

– A política de reconhecimento e recompensas jamais deve ser interrompida, deve fazer parte da rotina. Essas práticas têm de se transformar numa tradição da empresa e ser incorporadas de forma indelével à cultura da organização – concluiu o Coach.

Na empresa de Fontoura, os resultados podiam ser vistos em todos os setores. A rotatividade de pessoal diminuíra sensivelmente, a produtividade aumentara e todos pareciam estar muito mais felizes e realizados em suas funções.

Porém, nas minúcias da implementação da política de reconhecimento e recompensas, algumas dúvidas surgiam e o Coach tinha de ser consultado.

Assim, por exemplo, Fontoura temia que os funcionários, mesmo os mais bem intencionados, pudessem perder o foco de suas próprias prioridades se, de repente, começassem a se preocupar demais em receber reconhecimento e recompensas.

– O que fazer para que isso não venha a acontecer? – perguntou ele ao Coach.

– É bastante simples – respondeu o Coach. – Você tem de orientar seus funcionários para as atividades às quais dá mais valor. Para conseguir isso, é preciso adotar uma série de ações. Vou elaborar um roteiro para os gestores conduzirem essa questão.

O Coach enumerou as lições que deveriam ser seguidas pelos líderes da empresa:

Primeira lição: Estabelecer objetivos claros e específicos para os funcionários. O gestor precisa sempre ter em mente que dificilmente as pessoas perseguirão objetivos que não lhe despertem interesse. Assim, ele deve determinar claramente para a equipe o que é importante. Para tanto, o líder precisa:

- Compreender os objetivos, a visão, a missão e os valores da empresa antes de se dedicar aos objetivos específicos da equipe. E os objetivos da equipe devem estar em absoluta concordância e alinhados aos da organização.
- Envolver e ensinar os colaboradores para que se comprometam com os valores corporativos. Isso não deve ser feito tratando mal a equipe, mas por meio de uma liderança que consiga extrair o que cada um tem de melhor.

- O próximo passo é evitar qualquer ruptura entre os valores definidos e aqueles efetivamente empregados. A filosofia do "faça o que eu mando, não faça o que eu faço" não vale nesse contexto e é altamente prejudicial.
- Valorizar os funcionários que vivem e agem de acordo com seus próprios valores e que estejam alinhados aos da empresa. Não se trata apenas de dar valor a quem não comete erros.
- Ter uma visão de futuro. É necessário saber a resposta para a pergunta: "O que queremos alcançar?", levando em consideração os seguintes pontos específicos: O que os clientes valorizam mais? O que a empresa valoriza mais? O que os funcionários valorizam mais? Qual é a função básica da empresa? Qual é situação da organização em relação à concorrência? O que poderá tornar a equipe mais produtiva, efetiva e valiosa para a empresa?

Segunda lição: Desenvolver objetivos simples. É interessante apresentar uma visão genérica com diversos objetivos e, posteriormente, desenvolver estratégias específicas para cada objetivo, mostrando claramente o que é preciso fazer para que se alcance as metas, no mínimo satisfatoriamente. Exemplo: a visão geral de um departamento de atendimento ao cliente pode ser: "prestar o melhor serviço aos clientes do nosso setor". Apesar de ser abrangente, levará os funcionários a olharem para a frente. A partir daí, criar o objetivo específico do departamento: "resolver os problemas dos clientes que telefonarem para o serviço de assistência logo à primeira chamada", ou ainda: "atender todas as chamadas ao terceiro toque, no máximo".

Terceira lição: Afixar a visão e os objetivos em local visível para a equipe. Além disso, providenciar uma cópia para cada funcionário de modo que ninguém possa alegar que não sabia dos princípios.

Quarta lição: Nas contratações para cargos de supervisão ou de gestão, assegurar que os novos funcionários conheçam o valor do reconhecimento e que saibam praticá-lo.

Quinta lição: Usar sempre a política de reconhecimento e recompensas para acelerar o avanço em direção ao objetivo maior da empresa. É preciso praticar o reconhecimento e proporcionar recompensas à altura dos procedimentos e comportamentos corretos dos colaboradores. Estimular, elogiar e recompensar são atitudes que trazem dividendos altamente positivos para a produtividade e a fidelização dos funcionários. A política de reconhecimento deve estar em ação diariamente.

Sexta lição: Cultivar a própria credibilidade como líder e a da empresa junto aos funcionários. A política de reconhecimento e recompensas mostra aos colaboradores que os gestores prestam atenção e se preocupam com suas atitudes e desempenho. E, ainda, que eles estão dispostos a reconhecer e a recompensar esses valores. Credibilidade é o fundamento da liderança. Em outras palavras: "para se acreditar na mensagem, é fundamental acreditar no mensageiro".

Sétima lição: Comportar-se de acordo com os valores e os objetivos estipulados para toda a equipe, assim como demonstrar reconhecimento e recompensar os funcionários que demonstrarem dar corpo a esses valores. A satisfação individual ou realização pessoal de cada funcionário leva a uma excepcional vantagem competitiva, inclusive em relação ao pagamento de salários. Funcionários satisfeitos não costumam pedir aumentos salariais, e a fidelização deles torna-se mais fácil.

Oitava lição: Procurar aumentar a autoestima dos colaboradores. A política de reconhecimento e recompensas faz com que eles se sintam importantes e, ao mesmo tempo, amparados e apoiados pelo líder.

Fontoura estava satisfeito com as orientações do Coach e os resultados positivos que estavam sendo observados na empresa. Contudo, lembrou-se de mais um ponto no qual permanecia uma dúvida: algum funcionário poderia reclamar no sindicato que alguns colegas estavam sendo beneficiados com prêmios e outros não? Qual seria a ação do sindicato nesse caso? Não poderiam tais recompensas ser mal interpretadas e motivo de futuros processos por diferenciação ou caracterizados como protecionismo ou preconceito?

O Coach alertou que as políticas de reconhecimento e recompensas em ambientes sindicalizados podem trazer riscos, pois, num primeiro momento, levam os funcionários a superar os requisitos mínimos para suas funções, mas, depois, podem ensejar queixas dos delegados sindicais.

Também explicou que os gestores devem tomar alguns cuidados para evitar problemas trabalhistas e, principalmente, o desmoronamento de programas que, se bem geridos, podem trazer benefícios, mas, mal orientados, podem ser altamente prejudiciais.

O dia a dia nas organizações mostra que, apesar de os programas de reconhecimento e recompensas influenciarem positivamente a produtividade, na eventualidade de apenas alguns colaboradores conseguirem arrebanhar elogios e recompensas, pode se caracterizar favoritismo, o que é prejudicial para o ambiente de trabalho e para a autoestima da equipe. Isso ocorre porque o programa em prática não está conseguindo reconhecer os atributos positivos e elogiáveis de um grupo mais amplo, mas apenas os de uma minoria, dando margem para ações do sindicato.

O Coach listou algumas precauções a serem observadas nesse tipo de situação:

- Esclarecer para a equipe que as recompensas são prêmios ou complementos e não fazem parte da remuneração salarial;
- Permitir que a equipe desempenhe um papel na escolha de quem será recompensado;
- Aproveitar as oportunidades de distribuir recompensas para equipes que tenham se destacado por um trabalho em conjunto. Isso também propicia um estímulo forte para o trabalho coletivo e a colaboração entre os funcionários;
- Elogiar as ações mais simples, porém corretas. Não são apenas as atitudes extraordinárias que merecem reconhecimento, mas as mais singelas e rotineiras, quando bem executadas, também merecem ser exaltadas.

– As políticas de reconhecimento e recompensas levam à possibilidade de se construir uma força de trabalho feliz e produtiva. Ao mesmo tempo, e como consequência imediata, possibilitam que o gestor seja eficiente e alcance o sucesso – finalizou o Coach.

Na ponta da língua

Um dos principais ensinamentos do Coach é, no momento de elogiar ou de corrigir atitudes que não estejam alinhadas com a empresa, falar com o colaborador de modo específico e não genérico. Isso é importante para que o funcionário tenha plena consciência do impacto de sua atitude ou comportamento no grupo.

Acompanhe o passo a passo para elogiar e reconhecer a equipe:

Primeiro passo: Fale sobre qualidades que você admira ou gosta na pessoa: "Eu gosto de trabalhar com você, porque sempre se mostra comprometido".

Segundo passo: Exponha a razão do comentário, utilizando fatos reais: "Você se preocupa com horário e coloca sempre a empresa em primeiro lugar".

Terceiro passo: Finalize pedindo *feedback* a respeito do comentário feito por você: "Como você consegue ter esse pique?"

Agora, basta reunir tudo em uma frase simpática, como esta:

"Eu gosto de trabalhar com você, porque você sempre se mostra comprometido, se preocupa com horário e coloca sempre a empresa em primeiro lugar. Como consegue ter esse pique?"

Já no momento de corrigir atitudes e comportamentos, o gestor pode lançar mão de algumas dicas. Confira:

- Repreenda sempre em particular, nunca na frente da equipe.
- Quebre a tensão por meio de elogios de sucessos anteriores.
- Chame a atenção aos erros de maneira indireta, comentando exemplos de falhas cometidas por outras pessoas.
- Conte seus próprios deslizes como gestor e disponha-se a ajudar o funcionário.
- Identifique o erro e pergunte: "O que nós podemos fazer neste caso?"
- Peça para o colaborador fazer o trabalho novamente; não passe a tarefa para outra pessoa.
- Elogie qualquer mínimo progresso.
- Torne as falhas fáceis de corrigir, incentivando de maneira simples.
- Obtenha comprometimento e faça a pessoa sentir-se feliz realizando o combinado ou sugerido.

Agora pratique:

Estas frases demonstram compreensão e empatia, quando empregadas com o objetivo de conectar líderes e colaboradores, derrubando qualquer barreira inicial caso tenha que fazer uma correção ou um novo direcionamento:

- "Se eu estou entendendo, você sente que…"
- "Estou vendo que você…"
- "O que eu acho que estou ouvindo é…"
- "Eu não tenho certeza se estou entendendo, mas…"
- "Você dá bastante valor a…"
- "Do modo como eu ouço isso, você…"
- "Seu sentimento agora é de…"
- "Você deve ter se sentido…"
- "Sua mensagem parece ser 'eu…'"

Conquistar o coração, a mente e o estômago dos colaboradores

> "*Não é o que oferecemos, mas o modo pelo qual oferecemos que determina o valor do presente.*"
> Jack Welch

Uma das valiosas lições do Coach mostra que os gestores têm de saber, e efetivamente acreditar, que um momento formal de reconhecimento e recompensa tem um impacto fenomenal para o funcionário homenageado. É a melhor oportunidade para que se criem ou se fortaleçam os laços entre os funcionários e os gestores, assim como para reforçar objetivos, missão, visão e valores das empresas.

O reconhecimento e a premiação realizada em cerimônia formal são, para qualquer funcionário, um momento inesquecível. Contudo, o inverso também é verdadeiro: ele nunca se esquecerá de quando não foi reconhecido ou premiado.

O primeiro passo para a criação de uma equipe que seja um autêntico *dream team* é o reconhecimento, algo muito mais valorizado pelos funcionários do que dinheiro, benefícios ou títulos. Pesquisa realizada no Brasil em 2012 comprova isso.[1] Os principais fatores que mais motivam os colaboradores são: o bom relacionamento com as pessoas, o reconhecimento como bom profissional e fazer o que gosta, nesta ordem. Ganhar dinheiro aparece em sétimo lugar, mostrando o quanto a questão financeira é importante, mas não primordial atualmente. Exatamente por isso, é fundamental lembrar que as políticas de reconhecimento e recompensas formam um esforço constante. Se esse tipo de trabalho não for contínuo, acarreta uma situação de descontentamento entre os funcionários, a perda de credibilidade da chefia, a baixa da autoestima dos componentes da equipe, a queda de produtividade e, muitas vezes, o êxodo dos melhores e mais competentes.

Alguns detalhes tornam-se importantes na manutenção dessas políticas e, consequentemente, na obtenção de resultados positivos para aumentar o desempenho da equipe, segundo as orientações do Coach:

- O reconhecimento é a única coisa que o gestor pode controlar totalmente. Uma equipe feliz, realizada, segura e com elevada autoestima é mais produtiva e fiel.
- O reconhecimento é peça-chave para fortalecer as relações com os funcionários, não importa a situação econômica. Uma das funções do gestor é, justamente,

---

1 Realizada pela Catho em agosto de 2012 com 10.990 profissionais que trabalham para empresas privadas ou mistas. Resultados da pesquisa sobre os fatores de motivação na carreira: 1º ter bom relacionamento com as pessoas; 2º ser reconhecido como bom profissional; 3º fazer o que eu gosto; 4º trabalhar com pessoas que admiro; 5º ter desafios constantes; 6º ter autonomia de ação; 7º ganhar dinheiro; 8º ter flexibilidade de horário; 9º possibilidade de crescimento na empresa; 10º possibilidade de coordenar/gerenciar pessoas e 11º participar das decisões estratégicas da empresa.

saber reconhecer as atitudes elogiáveis e fortalecer a ligação entre os elementos da equipe e entre estes e os demais colaboradores da empresa; casar objetivos, além de orientar, estimular e motivar os funcionários.
- Dinheiro não compra tudo. Muitas vezes a burocracia para conceder um aumento ou um bônus é lenta demais. Quando a premiação chegar, talvez o funcionário já tenha esquecido o que a motivou. Por isso o elogio imediato é tão importante.
- O reconhecimento não pode ser visto como um concurso de popularidade. Ele é uma ferramenta importante para direcionar os funcionários no caminho dos objetivos específicos da empresa, tornando o pessoal mais efetivo e com maior e melhor produtividade.
- As cerimônias de premiação devem ser transformadas em momentos inesquecíveis. Essas ocasiões são as melhores oportunidades para criar ou reforçar os laços entre a empresa e os funcionários.
- A política de reconhecimento e recompensas tem de ser constante e permanente. A interrupção dessa estratégia tem como consequência imediata a perda da credibilidade do gestor e da empresa.
- Humanizar as relações de trabalho visando o comprometimento com os resultados, a redução da rotatividade e o aumento da lucratividade da empresa. Os gestores devem perseguir a meta de ter empatia, de se colocar no lugar dos colaboradores.

– Estabelecer um programa de reconhecimento e recompensas não é uma jornada simples; muito pelo contrário. Mas caminhando rumo a esse objetivo você estará caminhando para a posição de um verdadeiro líder chocolate – orientou o Coach. – Até a próxima reunião.

Reforço positivo

Segundo o Coach, o treinamento de um autêntico líder chocolate não estará completo se ele não aprender a dar *feedback* corretamente. É preciso estar preparado, pois isso deve ocorrer diariamente no ambiente corporativo.

Existem dois tipos de *feedback*: o positivo, que inspira e ajuda a desenvolver a equipe; e o negativo, que desmotiva e gera insegurança no grupo.

O líder adepto do *feedback* positivo demonstra preocupação com o desenvolvimento de cada indivíduo e tem habilidade para servir os semelhantes. Nesse caso, o *feedback* ajuda a treinar, a motivar e a promover o crescimento de todos.

Já quem usa o *feedback* negativo fala o que deve ser feito em tom agressivo. É o tipo de líder que está preocupado apenas consigo mesmo e tem interesse em tirar vantagem da equipe. Ele abusa do poder de seu cargo ou de sua importância na empresa para justificar essa postura destrutiva. Em geral, é despreparado e imaturo no trato com as pessoas.

Veja as principais características de cada tipo de *feedback*:

Positivo
- Orienta o funcionário de maneira assertiva, sem traumas;
- Ajuda a pensar sobre "o quê" e "como" o colaborador deve fazer seu trabalho;
- Promove a reflexão sobre os prós e os contras de cada atitude do colaborador, motivando a mudança de comportamento e atingimento de resultados;
- Reforça a autoestima e dá segurança;
- É fundamental para o bem-estar emocional das pessoas.

Negativo
- É falado com raiva, em tom de crítica ou reclamação;
- Não agrega benefícios para o time. Pelo contrário, gera perda de tempo, de energia e de dinheiro;
- Gera desmotivação, insegurança, raiva e perda de entusiasmo por parte do colaborador, limitando suas atividades e, consequentemente, seu desempenho;
- Provoca revolta tanto do líder quanto do liderado;
- Pode ser a causa de doenças como estresse, gastrite, úlcera, infarto, AVC, entre outras.

Para o Coach, a maneira mais elegante e simples de desenvolver a equipe por meio do *feedback* é usando a grife do líder chocolate – a fórmula DIOR.

O principal objetivo dessa metodologia é gerar aprendizado ao estimular o colaborador a pensar em suas atitudes ou comportamentos que deram certo e corrigindo os pontos indesejáveis. Além disso, esse método reconhece o progresso, mesmo que o resultado ainda não seja perfeito, promovendo ainda mais o aprendizado. Outro ponto importante da técnica é incentivar o colaborador a repetir as ações positivas, mantendo e multiplicando as estratégias que deram certo.

O que significa a sigla DIOR e como usá-la

- **Dizer**: o que você admira na pessoa, seus talentos e qualidades, as melhorias de comportamentos e resultados.
- **Ilustrar**: especificar quando aconteceu o fato, descrevendo exatamente a ação ou o comportamento da pessoa com quem está falando.
- **Observar**: fazer o funcionário perceber os impactos da atitude (positiva ou negativa) dele nas demais pessoas ou na empresa.
- **Refletir**: incentivar o funcionário a fazer uma análise e síntese da questão abordada, refletindo sobre as consequências para as próprias metas, os projetos e até sobre sua própria carreira. Pensar em como resolver a situação.

O método DIOR pode ser comparado ao chocolatinho com sabor de menta que acompanha o café, ou seja, é um pequeno mimo para o dia a dia que ajuda a motivar os liderados e a corrigir situações inadequadas.

As propostas do DIOR são:

- elevar a autoestima, a autoconfiança e a eficácia diariamente;
- melhorar o desempenho do funcionário, comparando a evolução dos seus próprios indicadores e também em relação à média da equipe. É importante destacar que não se comparam resultados de uma pessoa com outra, e sim o resultado dela com a sua própria meta ou, no máximo, com a média do setor, das empresas ou do *benchmarking* do mercado;
- mostrar a evolução da pessoa na empresa e/ou em uma tarefa/comportamento específico;
- lembrar e incentivar o sonho/missão pessoal e profissional alinhado com a empresa.

Veja como utilizar diariamente o método DIOR na prática:

- DIZER: "Fulano, admiro você pelo seu profissionalismo, seu comprometimento e seus resultados (talentos/qualidades)."
- ILUSTRAR: "Você observou a maneira como reagiu hoje durante a reunião, quando foi citado o erro do seu departamento?"

- **Observar:** "Você percebe as consequências da sua atitude (positiva/negativa) nas demais pessoas ou na empresa?"
- **Refletir:** "Agindo daquela maneira, quais são os benefícios e as desvantagens para suas metas, seus projetos e sua carreira? Como você poderia resolver esta situação? Que atitudes ou comportamentos é preciso ter para evitar a reincidência do problema?"

Finalize o DIOR utilizando as frases que prestigiem o liderado e demonstrem seu apoio a ele, como:

- "Fazendo o que você se propõe a fazer, creio que corrigirá o problema e será um profissional muito melhor do que já é hoje."
- "Acredito no seu trabalho, no seu potencial, na sua competência."
- "Continue sempre trabalhando dessa sua maneira, assim…"
- "Conte comigo, estou aqui para te ajudar, para te apoiar."
- "Valeu, muito obrigado!"

Como atrair e selecionar as melhores trufas do mercado

"Uma boa cabeça e um bom coração formam sempre uma combinação formidável."
Nelson Mandela

Fontoura estava muito feliz e realizado com o crescimento da equipe e da empresa. Com a ajuda do Coach, vários resultados positivos tinham sido alcançados. Porém, o diretor preocupava-se com o futuro, especificamente em como atrair novos colaboradores. Afinal, sua intenção era promover uma oxigenação da empresa, trazer "sangue jovem".

Para tranquilizá-lo, o Coach citou algumas soluções que ele havia implementado com sucesso em empresas de vários ramos de atividade, por meio de seus serviços de coaching e consultoria:

- Recrutar pessoas excepcionais, treinar, inspirar e fazer coaching;
- Divulgar o programa de estágios e *trainees* em universidades. Os funcionários que entraram como *trainees* e hoje ocupam cargos de destaque podem atuar como em-

baixadores da companhia, contando suas histórias e passando credibilidade aos estudantes e recém-formados;
- Ser extremamente rigoroso na seleção de estagiários e *trainees*. É fundamental que os candidatos estejam alinhados à cultura e aos valores da empresa. Essa sintonia faz com que os novatos sejam mais produtivos e se sintam mais felizes;
- Dar *feedback* aos estagiários e *trainees* é importante para que eles consigam perceber, na prática, seus traços de personalidade. Dessa maneira, podem descobrir se possuem tendência para liderança ou têm dificuldade de se adaptar a novos cenários; se preferem atuar em empresas altamente competitivas, com carreira acelerada, ou em companhias meritocráticas, mas que oferecem crescimento lento. Ou ainda, se ficariam felizes ao se especializar numa área do conhecimento ou se preferem ter uma experiência mais ampla sobre determinado negócio. Também podem experimentar um ambiente de trabalho no qual não há rotinas ou um local em que os processos são mais metódicos. Nessas conversas, ensina o Coach, é importante observar como os novatos se sentem e descobrir o que os deixa felizes dentro da empresa, desconsiderando as expectativas de seus pais, colegas e professores;
- Utilizar o *job rotation* para tirar a equipe da zona de conforto. É possível treinar os colaboradores e ajudá-los a encontrar o tipo de trabalho de que mais gostam. Dessa maneira, eles vão se doar ao máximo para a empresa;
- Para que os jovens colaboradores se sintam seguros e menos ansiosos, é importante oferecer pontos de apoio, ou seja, pessoas com quem possam conversar frequentemente, esclarecer dúvidas pontuais sobre os processos do negócio e fazer questionamentos sobre a carreira. Os líderes devem atuar como coaches, ou uma espécie de

padrinho, pois com o *job rotation* os novos funcionários podem se sentir abandonados;
- É importante que os *trainees* conversem com ex-*trainees* para entender melhor o mercado e saber o que devem ou não esperar de suas carreiras. Os ex-*trainees* também devem ser estimulados a serem coaches dos novatos, pois podem conversar sobre situações semelhantes que já viveram e, assim, diminuir a ansiedade.

A contratação de estagiários e *trainees* envolve benefícios e desvantagens que devem ser analisados de acordo com as necessidades e os objetivos da empresa, bem como o plano de carreira que ela traçou para esse grupo de colaboradores.

Em geral, os programas de estágio têm duração de um ano, tempo suficiente para o jovem desenvolver habilidades técnicas e comportamentais e também mudar de área dentro da companhia para que possa descobrir a que mais o motiva. Entretanto, se o programa não for bem estruturado, há grandes chances de o estagiário realizar apenas tarefas rotineiras e maçantes.

No caso de *trainees* é um pouco diferente. Em geral, as empresas estruturam melhor os programas para esses jovens profissionais, incluindo, por exemplo, coaching e relacionamento próximo à alta direção. O *trainee* também tem a possibilidade de ter uma ampla visão sobre o trabalho da companhia e experimentar diferentes funções e áreas por meio do *job rotation*, antes de escolher em qual setor deseja atuar.

Mas a pressão para apresentar resultados é forte e os *trainees* precisam ter inteligência emocional para saber lidar com esse tipo de situação. Além disso, para evitar frustrações, os jovens devem ter em mente que é um mito acreditar que o destino de todo *trainee* é alcançar rapidamente os cargos de liderança.

Apesar de estar empolgado com a possibilidade de contratar pessoal mais jovem, das chamadas gerações Y e Z, Fontoura se preocupava em como lidar com as expectativas desses profissionais. Ele decidiu compartilhar sua inquietação com o Coach:

– O problema é que os jovens entram na empresa já pensando em ascender rapidamente às posições superiores, porém não têm a experiência de um profissional maduro ou com mais tempo de casa.

Depois de um momento de reflexão, o Coach respondeu:

– Não é possível rotular as pessoas apenas considerando a faixa etária, afinal cada uma sofre o impacto de diferentes influências sociais, culturais e econômicas. Mas, como ao longo das últimas décadas as mudanças de comportamento foram muito significativas, foi criada nos Estados Unidos uma definição para diferenciar as gerações, que hoje convivem juntas e, às vezes, com alguns conflitos. Essa definição é apenas didática, não é rígida, e foi criada para facilitar o conhecimento e o desenvolvimento da estratégia das empresas em relação aos jovens.

Em seguida, ele explicou brevemente o perfil de cada geração. As pessoas nascidas até 1945 foram chamadas de veteranos e sofreram as consequências da Segunda Guerra Mundial. Eram práticas, dedicadas e cultivavam valores tradicionais. Em geral, permaneciam bastante tempo na mesma empresa e sacrificavam-se para alcançar seus objetivos.

Já os *baby boomers* (nascidos de 1946 a 1964, no pós-guerra) romperam com os padrões dos veteranos e têm uma visão otimista. No ambiente corporativo atuam com mais foco. A relação com as hierarquias superiores é intensa – de amor e ódio ao mesmo tempo. Por outro lado, preferem agir em consenso com seus pares.

A geração X nasceu em uma época (de 1965 a 1978) na qual as condições econômicas permitiram pensar em qualidade de vida e liberdade no trabalho. Mas essa geração se tornou cética e superprotetora em razão das crises que vivenciou, como a do desemprego na década de 1980.

Quem nasceu de 1979 a 1990 – a chamada geração Y – já encontrou uma conjuntura mundial estável, num período de valorização da infância, acesso à internet e educação mais sofisticada em relação aos seus pais e avós. São pessoas inquietas, multitarefas e menos fiéis às marcas. No ambiente corporativo, lidam com os superiores como se eles fossem colegas.

A geração Z (nascidos a partir de 1991) tem características semelhantes à Y, porém de forma mais acentuada, pois se desenvolveu junto com os avanços tecnológicos mais recentes: *joystick*, controle remoto, computadores, programas e jogos avançados, celulares e *smartphones*. A geração Z não sabe o que é o mundo sem tecnologia.

Depois de passar essas informações para Fontoura, o Coach concluiu:

– É fundamental que o líder preencha as lacunas dos jovens das gerações Y e Z, que são inquietos e questionadores. É preciso motivá-los, lançando desafios para atingimento de metas e objetivos. Ao mesmo tempo, o líder deve se beneficiar dos conhecimentos que esses jovens possuem em relação ao universo digital, ao uso de equipamentos e à exploração das redes sociais, por exemplo.

– As gerações devem tentar conviver de forma harmoniosa, pois uma complementa o conhecimento da outra – refletiu Fontoura.

– Certamente – respondeu o Coach. E acrescentou: – Mas o líder não é o único responsável por manter essa relação saudável. Os jovens devem ficar atentos para não cometer alguns tropeços no início da carreira, como trocar muitas vezes de emprego.

Essa conversa deixou Fontoura mais confiante para conduzir a contratação dos novatos de maneira adequada. Contudo, ele também tinha a intenção de atrair profissionais mais experientes, mas com diferentes perfis para renovar o quadro da empresa.

– Nesse caso, como podemos estabelecer um processo de recrutamento e seleção realmente eficaz? – indagou o diretor.

– Há dois caminhos possíveis: por meio da área de recursos humanos da própria empresa ou contratando uma consultoria para realizar essa atividade – disse o Coach.

Segundo ele, o processo realizado pelo departamento interno de recursos humanos começa com a seleção dos currículos dos candidatos a partir de suas competências técnicas e comportamentais. Em relação à parte técnica, é preciso considerar conhecimentos e habilidades para funções específicas como, por exemplo, programador de um determinado *software*, desenhista projetista, técnico de vendas.

Já no que diz respeito às competências comportamentais, avaliam-se as atitudes e os comportamentos compatíveis com as atribuições a serem desempenhadas como: iniciativa, criatividade, habilidade de relacionamento interpessoal, comunicação verbal, liderança, negociação, empreendedorismo, espírito de equipe, bom humor, entusiasmo, espírito de servir, humildade, persuasão, atenção aos detalhes, participação, cooperação, facilidade para trabalhar com metas, foco em resultados, flexibilidade, empatia, agilidade etc.

O próximo passo é fazer uma entrevista para investigar o comportamento passado do candidato, coletando dados sobre as habilidades que assegurarão a existência de atributo ou competência desejada.

– A premissa básica da entrevista é que "o comportamento passado se repetirá no futuro", lembrando que isso não significa que as pessoas não evoluem ou mudam seus comportamentos. Mas a experiência já vivida indica as reações futuras das pessoas em situações críticas – afirmou o Coach.

Por isso, explicou, o entrevistador deve fazer todas as perguntas com o verbo de ação no passado e com foco específico nas competências existentes no candidato. Se necessário, pedir para que conte o que realmente fez, e não o que ele faria. Afinal, a meta é descobrir as experiências relevantes de comportamento e compará-las com o perfil de competência que está sendo selecionado; e ainda as experiências mais recentes e não as antigas e ultrapassadas.

Dito isso, o Coach ensinou a Fontoura a técnica conhecida como SER, que ajuda a aumentar a habilidade de ouvir do selecionador.

– A ideia é aceitar apenas os comportamentos do candidato que contenham informações que identificam a sua maneira de agir, de SER: Situação ou fato, Execução ou ação tomada e Resultado obtido – explicou o Coach.

Resumo do método SER

- **SITUAÇÃO**: "Fale-me sobre a situação, o fato ocorrido."
- **EXECUÇÃO**: "Como você agiu? Como você resolveu? Qual foi sua atitude? Relate. Descreva."
- **RESULTADO**: "Qual o resultado da sua ação?"

Depois dessas explicações, o Coach falou sobre a segunda alternativa para recrutar e selecionar colaboradores, em especial executivos: utilizar os serviços de consultorias especializadas na área. Essas empresas pesquisam o mercado com o intuito de identificar profissionais que preencham os requisitos para uma posição executiva. A ideia é encontrar uma pessoa com especificações profissionais e pessoais que satisfaçam às necessidades da organização.

Em um tom de quem conhece as minúcias dessa área, o Coach disse:

– Geralmente, a equipe interna de recursos humanos seleciona candidatos para o tipo de negócio específico com que a empresa está acostumada a trabalhar. Porém, quando há mudanças expressivas como fusões, introdução de novas tecnologias e atuação em diferentes ramos de negócio, é necessário mudar também a forma de recrutar. Nessas situações, a empresa contrata consultorias capazes de desenvolver e escolher diferentes maneiras de encontrar os talentos.

– De que forma as consultorias trabalham? – perguntou Fontoura, bastante interessado no assunto.

– Elas atuam de diferentes formas, conforme bem explica o *headhunter* Alfredo Assumpção. Algumas trabalham com *contingency recruiters*, ou recrutadores por contingência, assumindo o risco de não receber pagamento, caso nenhum dos candidatos apresentados seja contratado. É a opção mais comum no mercado, porém traz alguns riscos pelo fato de os consultores não investirem muito tempo realizando buscas específicas para encontrar o melhor executivo – esclareceu o Coach.

Esse tipo de recrutamento, prosseguiu o Coach, processa um grande número de projetos simultaneamente e utiliza banco de dados de candidatos, procurando coincidir o cargo oferecido com os perfis disponíveis no banco de dados. Os recrutadores usam e abusam de anúncios em jornais e revistas. Quando a consultoria encontra os candidatos mais adequados à vaga, ela envia os currículos para as empresas.

Entretanto, na maioria das vezes, os melhores executivos estão empregados e bem remunerados. Sendo assim, dificilmente respondem a anúncios de jornais e revistas. Portanto, é preciso saber encontrá-los e convencê-los a participar de um processo seletivo. Muitas vezes, o candidato nem sabe que o seu currículo está sendo apresentado a uma empresa cliente da consultoria. Pode acontecer que a companhia escolha aquele candidato sem que ele pretenda mudar de emprego. Então, perde-se tempo, dinheiro e energia, além de desgastar-se inutilmente a imagem da consultoria e também da empresa.

A partir dos ensinamentos de Alfredo Assumpção, o Coach continuou explicando que há também consultorias que fazem o chamado recrutamento massificado, apropriado para situações em que a organização deseja ter um papel preponderante nos processos de triagem, entrevista e negociação com os candidatos. Isso ocorre quando há várias posições idênticas a serem preenchidas e abundância de profissionais qualificados ou, ainda, quando as vagas são de cunho técnico ou de supervisão na baixa gerência. Nesse modelo também não há garantia de satisfação plena com o trabalho de recrutamento da consultoria, devido a uma preocupação maior com quantidade de candidatos em detrimento da qualidade.

Uma alternativa é a busca de executivos por meio de consultorias que trabalham com taxa de retenção (*retained executive search*). Nesse caso, os honorários são pagos pelo processo de busca que, geralmente, leva a uma contratação, mas nem sempre. A função desse tipo de consultoria é encontrar e convencer o profissional a participar de um processo seletivo e, para isso, é necessário que ela tenha credibilidade no mercado, demonstrando ética no trato com candidatos e empresas. Algumas consultorias trabalham na forma de *retained fee* (ou taxa de retenção) para recrutar também *trainees*, secretárias, analistas na área de tecnologia, engenheiros recém-formados, entre outros profissionais.

Com base nessas informações, Fontoura procurou imediatamente a equipe de recursos humanos da empresa para, em conjunto, analisar qual seria a melhor forma de atrair novos profissionais de acordo com o perfil das vagas disponíveis.

Investigação profissional

Fazer uma boa entrevista é essencial para o processo de recrutamento. Apesar da correria do dia a dia, vale a pena gastar um pouco mais de tempo para conhecer a fundo os candidatos, em especial para vagas de liderança – que são estratégicas para a empresa. O processo seletivo pode demorar um pouco mais, porém a companhia ganhará em termos de qualidade do colaborador a ser contratado.

Confira alguns exemplos de como investigar e descobrir as competências desejadas, através dos comportamentos passados e descritos pelos candidatos durante a entrevista comportamental. Utilize esse roteiro na prática e comprove o sucesso na hora da seleção:

Flexibilidade: em relação a essa competência, interessa à empresa descobrir se o candidato é resistente à mudança, aceita ideias do grupo, reconhece que os outros são diferentes e até renuncia a própria opinião. Pergunta: "Que projeto você desenvolveu e não foi aceito pelo seu superior?"

Iniciativa: nesse ponto, o importante é verificar se o profissional é proativo e tem condições de assumir responsabilidades de outras pessoas ou áreas. E mais: se consegue antecipar-se aos erros e sugerir mudanças que gerem resultado efetivo. Pergunta: "Em que circunstância você assumiu a responsabilidade por uma tarefa que não fazia parte de sua função? Por quê?"

Negociação: diz respeito à habilidade de influenciar outras pessoas e ser persuasivo. Envolve ainda o hábito de se organizar e planejar com antecedência a negociação, além de entusiasmo e empatia. Pergunta: "Você se lembra de alguma negociação na qual foi convencido a mudar de ideia? O que aconteceu?"

Relacionamento interpessoal: nesse caso, os indicadores de competência são a fluência verbal, o bom humor, o otimismo, a cortesia, a empatia, a capacidade de influência e o foco em pessoas. Pergunta: "Você pode descrever a sua importância na participação da solução de um problema de relacionamento entre a equipe?"

Comportamento ético: valores como honestidade e integridade são pontos importantes a serem observados. Também estão em jogo a discrição e a maneira como a pessoa lida com normas e procedimentos. Pergunta: "Em que situação você precisou defender a empresa de ataques de colegas ou clientes?"

Foco em resultados: observar se o profissional sabe administrar o tempo e se está preocupado com padrão de qualidade e satisfação do cliente. Ele precisa mostrar que sabe administrar as adversidades sempre pensando em atingir bons resultados. Pergunta: "Você poderia falar sobre uma situação em que você atingiu algum resultado inesperado, que foi além das expectativas?"

Trabalho em equipe: integração com o grupo, inclusive com as lideranças, bom relacionamento interpessoal e saber trabalhar em clima de união são os indicadores nesse quesito. O candidato precisa demonstrar que gosta de desafios e está alinhado à missão da empresa. Pergunta: "Há algo importante que você tenha ensinado à sua equipe e/ou algo que tenha aprendido com ela?"

Comunicação: nesse ponto os indicadores de competências são empatia, comunicação verbal e não verbal e habilidade de persuadir e influenciar. Além disso, a maneira como a pessoa dissemina informações, a clareza e a objetividade na comunicação. Pergunta: "Houve alguma ocasião em que uma comunicação ou informação passada por você foi mal compreendida e gerou consequências negativas? Qual foi a sua atitude?"

Liderança: para verificar essa competência, estar atento à prática de gestão de pessoas demonstrada pelo profissional. Investigar se ele tem perfil de *coach* e promove o desenvolvimento da equipe. E ainda, se ele possui postura de chefe ou de líder. Pergunta: "No seu último emprego, quais técnicas você usou para aumentar a produtividade da equipe?"

Habilidade de ouvir: observar se o profissional atende bem os clientes internos e externos, solicita sugestões de melhoria e as coloca em prática. Empatia e flexibilidade são essenciais. Pergunta: "O que você faz para melhorar a satisfação de seus clientes?"

Motivação: o profissional deve estar motivado e demonstrar otimismo, entusiasmo e influência positiva. Pergunta: "De que maneira você agiu quando percebeu que a equipe estava desanimada?"

Foco no cliente: o indicador de competência nesse caso são as técnicas de satisfação de cliente já utilizadas com a equipe. Pergunta: "Você se lembra de alguma situação na qual pediu sugestões para clientes internos e externos sobre a melhor forma de atendê-los?"

Para não errar no momento da entrevista, o Coach orienta que algumas perguntas feitas comumente devem ser evitadas, porque não acrescentam conhecimento a respeito do comportamento do candidato. Além disso, não indicam se ele tem o perfil compatível com a vaga nem estimulam que a pessoa forneça informações das experiências já vividas. Alguns exemplos de perguntas que devem ser evitadas são:

- "Você gosta de atuar nesse setor?"
- "Na concepção de um projeto, você costuma fazer planejamento prévio e envolver a equipe?"
- "Você acredita que exerce uma influência positiva sobre sua equipe?"
- "Você saiu da última empresa porque não via possibilidade de crescimento na sua carreira?"
- "Se você fosse o diretor da empresa, quais seriam as suas atitudes?"
- "Qual seria a sua reação caso percebesse que uma pessoa do seu setor não gosta de você?"
- "Por que você tomou essa atitude sem pensar?"
- "Como você se vê?"
- "Qual é a sua opinião sobre viver em uma cidade violenta?"
- "Qual é a sua opinião sobre gestão de competência?"

Como dar mais tempero ao líder chocolate e desenvolver a autoliderança

"Comecemos por extirpar as falsas ideias, assim como, antes de semear uma terra, cuidamos de extirpar as ervas daninhas que afogariam a boa semente."
Jean-Baptiste Alphonse Karr

Uma das grandes dificuldades de Fontoura, motivo de nervosismo nos últimos meses, dizia respeito à qualificação dos talentos e o desenvolvimento de lideranças. Não era fácil elaborar um plano de capacitação nem colocá-lo em prática nos termos que ele, um profissional muito comprometido com a empresa e altamente exigente, desejava. O Coach tentou acalmar a ansiedade de Fontoura, dizendo que treinar e qualificar os colaboradores não garante, mas aumenta as chances de perenização da empresa. Por isso, deve ser uma constante no dia a dia de qualquer organização.

— Para desenvolvermos líderes, temos que mudar nossa maneira de olhar para a questão e tomar uma posição totalmente diferente do que as empresas vêm fazendo — disse o Coach.

— De que maneira? — indagou Fontoura.

Com o semblante sério, o Coach respondeu:

— Os processos e os programas de treinamento utilizados no mercado atualmente não nos conduzirão aonde queremos chegar, porque foram elaborados com base em concepções erradas e modelos mentais diferentes sobre a liderança e o seu desenvolvimento.

Para ficar mais clara sua explicação, ele citou as principais diferenças entre os modelos mentais para desenvolvimento de líderes, enfatizando o método mais adequado a ser seguido pelas empresas. No modelo tradicional de desenvolvimento de lideranças, apenas algumas pessoas estão aptas para ocupar os cargos de gestão. Porém, elas são mal avaliadas, pois não têm potencial ou qualificação necessária para a função. Desse modo, são colocadas em posição de liderança, mas não realizam um bom trabalho e acabam sofrendo pela incompetência de seus superiores. No novo modelo, é diferente. Os líderes promissores recebem atribuições desafiadoras que, inclusive, podem se distanciar de sua área de conhecimento.

Os líderes, na concepção tradicional de desenvolvimento, são avaliados por sua capacidade de gerar números e não de formar novas lideranças. E ainda ocorre uma situação distorcida: a identificação e o desenvolvimento de líderes de alto potencial é função dos líderes menos experientes e preparados para essa tarefa. Já no novo modelo, os líderes, em todos os níveis, desenvolvem ativamente os demais e planejam sua sucessão.

O departamento de recursos humanos tem papel importante nessa formação, pois ajuda a identificar quais são as pessoas mais adequadas às atribuições dos cargos. Além disso, os líderes em desenvolvimento não ficam esperando abrir vagas internas. Eles recebem novas atribuições assim que se mostram prontos para elas. É justamente o contrário do que acontece no modelo tradicional, no qual é aplicado um único sistema de *job rotation* para todos, sem levar em conta os talentos e as necessidades individuais de desenvolvimento.

Quando o assunto é treinamento, o modelo novo privilegia a aplicação do conhecimento teórico em situações práticas do cotidiano da empresa. No modelo tradicional, o uso excessivo da sala de aula pode acabar substituindo os desafios que o mundo real coloca para os líderes.

Na hora de medir a eficiência do líder, a empresa que adota o conceito tradicional utiliza análises de desempenho superficiais e burocráticas. Por outro lado, a companhia que trabalha com essa nova visão faz análises precisas e equilibradas, sem vinculá-las às avaliações anuais de desempenho.

Percebendo que o diretor ainda tinha muitas dúvidas sobre a qualificação dos líderes, o Coach decidiu tocar em outro ponto importante que, à primeira vista, pode parecer básico, mas nem sempre é tratado com a minúcia necessária nas organizações: como identificar quem realmente tem potencial para liderança. Isso deve ser analisado antes mesmo de se começar o desenvolvimento dos líderes.

– Alguns indícios podem ajudar nessa identificação. Por exemplo, observar se o profissional possui habilidade natural em lidar com pessoas e, em especial, se consegue ampliar a energia delas e canalizá-las na direção de um propósito comum – salientou o Coach.

– Outra tática – disse – é fazer uma retrospectiva da vida do futuro líder para verificar se durante a infância e juventude ele agiu como líder na escola, nos esportes, nas brincadeiras com os colegas.

E alertou:

– Algumas pessoas precisam encarar o fato de que não possuem talento para liderança, apesar de almejarem essa posição. A ambição e a motivação são qualidades fundamentais, mas insuficientes para atingir uma função de alto nível.

O Coach concluiu o assunto passando algumas dicas para Fontoura sobre como um líder deve agir para alcançar o sucesso:

- Expandir os relacionamentos e se colocar em situações que extrapolem a zona de conforto;
- Ter uma visão geral do negócio, identificando formas de se manter à frente da concorrência e definindo metas acima das que a companhia lhe atribui;
- Buscar *feedback* e não ficar esperando que seja oferecido. É interessante perguntar o que poderia ter feito melhor, quais alternativas deixou de levar em consideração e, finalmente, se responsabilizar por perdas e lucros;
- Manter-se atento às coisas que podem desviá-lo do caminho do desenvolvimento da liderança. Questionar-se frequentemente: "Estou utilizando meu potencial máximo? Estou recebendo *feedbacks* necessários para o desenvolvimento do futuro líder que eu quero ser e de que a empresa necessita?"
- Verificar se a cultura da organização se ajusta ao seu estilo de liderança. Em algumas empresas a camaradagem ou coleguismo são valorizados e as tomadas de decisão são feitas por consenso. Nesse caso, ninguém se expõe ao risco, mas os conflitos permanecem. Os líderes mais determinados não se adaptam a esse sistema por achá-lo desgastante e frustrante. Outra situação é uma cultura na qual o comportamento agressivo é a tônica do negócio e os chefes estimulam a agressividade em nome da franqueza. As discussões passam a ser pessoais e acirram a concorrência interna, abafando as vozes mais equilibradas e resultando em decisões erradas.

O DNA da liderança

Na definição do professor Vicente Falconi, "líder é uma pessoa que consegue bater metas desafiadoras, por meio das pessoas e de maneira coerente com os valores da empresa". Com base nesse conceito, a consultora propõe que o gestor faça uma autoavaliação para conhecer a fundo o DNA da liderança. Inspirado por esse exemplo, o Coach recomenda que os líderes utilizem esse modelo de autoavaliação como referência para conhecer melhor a si mesmo e também os outros gestores da empresa.

Em linhas gerais, o método consiste em examinar as atitudes dos líderes em relação a questões como formação e capacitação técnica da equipe, integração, desafios, *feedback*, formação de novos líderes, fortalecimento da cultura, autodesenvolvimento, meritocracia, avaliação individual e clima favorável. A ideia é atribuir notas de um a cinco para cada atitude, sendo um para aspectos que o líder ainda não aplica em seu cotidiano e cinco para atitudes que já estão incorporadas às suas atividades. Quanto melhor for a pontuação, mais o profissional ficará próximo do conceito do líder chocolate apresentado neste livro.

Depois de identificar o DNA da liderança, cada líder pode elaborar um projeto individual de melhorias, independentemente dos seus superiores. É possível estabelecer um plano de autodesenvolvimento listando as ações que o líder fará para preencher as lacunas encontradas em seu DNA – fazendo uma espécie de melhoramento genético.

Para ajudá-lo nessa tarefa, a sugestão é elaborar uma planilha, a exemplo do que propõe a consultora Neuza Chaves, para organizar as metas e os aspectos a serem melhorados, detalhando "o quê" e "como" fazer. Por exemplo: dar *feedback* para a equipe (o quê), agendando individualmente conforme a necessidade (como). Ou ainda, anotar a necessidade de discutir metas buscando o compromisso do grupo (o quê), realizando reuniões (como). O ideal é já marcar as datas para a execução das atividades para que o plano de autodesenvolvimento se realize plenamente.

As competências de um líder chocolate

> *"Algumas pessoas nunca aprendem nada, porque entendem tudo muito depressa."*
> Alexander Pope

Continuando com o propósito de ajudar Fontoura a reconhecer e a desenvolver líderes chocolate – que inspiram as pessoas e as estimulam a cumprir as metas em um ambiente com clima positivo –, o Coach destacou a importância de descobrir suas competências.

– Competência é um conjunto de conhecimentos, habilidades, atitudes e entrega de resultados que produz uma atuação diferenciada de cada pessoa. Para desenvolvê-la, é preciso usar a CHAVE, método que facilita a identificação daqueles que mais se aproximam das necessidades da empresa. As competências CHAVE – Conhecimento, Habilidade, Atitude, Valores e Entrega – devem ser definidas pelas pessoas que vão interagir com os líderes, ou seja, seus pares, superiores, subordinados e departamento de recursos humanos – esclareceu o Coach.

A seguir, ele explicou para Fontoura o que significava cada competência CHAVE:

Conhecimento – Fornecer conhecimento aos liderados e buscar novos conhecimentos (o quê).

Essa competência é baseada, inicialmente, no conhecimento dos líderes. Além disso, o conhecimento é oriundo do conhecimento gerencial, apoiado no método de gerenciamento do negócio, e do conhecimento técnico – relativo aos processos internos da organização. Todo conhecimento interno deve ser usado e explorado até o limite, através da troca de experiências; a partir daí, é preciso adquirir novos conhecimentos por meio da participação em cursos, reuniões, coaching, consultorias, viagens, livros etc.

Habilidade – Conhecimento intelectual adquirido aplicado na prática.

As pessoas podem se desenvolver fazendo um autodiagnóstico em relação às suas habilidades. Para isso, podem ser adotadas várias ferramentas de avaliação. O Coach sugeriu utilizar o método proposto por Ned Herrmann, que classificou o comportamento mental das pessoas em estilos, de acordo com o quadrante do cérebro dominante.

Resumindo, do lado esquerdo foram distribuídas as habilidades lógicas ou racionais e de organização. Do lado direito estão as dimensões de empreendedorismo/experimental e interpessoal/relacional. Essas habilidades podem ser desenvolvidas de acordo com o lado do cérebro dominante em cada indivíduo. Por exemplo: pessoas em que o lado esquerdo superior do cérebro é dominante expressam mais o lado lógico. Como características, elas são analíticas, críticas, realistas e quantitativas. Preferem lidar com números, finanças e buscam resultados imediatos. Gostam de saber como as coisas funcionam.

Organização é a principal característica dos indivíduos que têm o lado esquerdo inferior predominante. São precavidos, pontuais, detalhistas e priorizam o planejamento. Têm foco no método, por isso suas preferências são para aspectos como organização, padrões e procedimentos, situações de baixo risco, estabilidade e rotina.

Na outra extremidade, quem possui o lado direito superior do cérebro dominante, expressa a sua criatividade e tem visão de futuro. Imaginativo, curioso, metafórico, brincalhão e com uma lógica difusa, essa pessoa tem as características de inovação e empreendedorismo muito destacadas.

Por último, o lado direito inferior do cérebro dominante expressa os sentimentos, revelando uma pessoa com foco nas relações, que privilegia os trabalhos comportamentais e atividades interativas. Indivíduos com esse perfil são comunicativos, emotivos, sensíveis, musicais e expressivos.

A partir do autoconhecimento, o líder tem condições de avaliar suas carências em relação às suas habilidades e preferências e assim elaborar um plano de desenvolvimento individual (tal como proposto no capítulo anterior). Ao se desenvolver, ele busca o equilíbrio nas quatro dimensões cerebrais, facilitando a sua ação junto à equipe para obter resultados cada vez melhores.

Nesse aspecto, o papel da empresa é apoiar os líderes por meio de programas de treinamento, facilitando o contato com a equipe, pares e superiores, compartilhando, detalhadamente e por meio de exemplos, os valores e as crenças da organização e ainda indicando um suporte, que pode ser um colega mais experiente, *coach* ou consultor, para aconselhá-lo nas novas ideias, ouvi-lo e apoiá-lo.

Atitude – Despertar na equipe a vontade de querer fazer (motivação).

Motivar é preencher carências ou necessidades humanas como, por exemplo, necessidades fisiológicas, de segurança, de pertencimento, de estima e autorrealização, como ensina o psicólogo americano Abraham Maslow. Motivar também significa cuidar da saúde mental e psicológica de cada colaborador, lançando desafios constantes para ele. Quando as necessidades humanas não são supridas, surgem as patologias mentais, que geram a desmotivação – esta não pode ser confundida com insatisfação pessoal. Portanto, é preciso entender de forma detalhada o que motiva as pessoas e como fazer isso.

Para tentar suprir as necessidades pessoais e profissionais da equipe, mantendo-a motivada constantemente, é importante ficar atento a alguns aspectos:

- Assim como cada pessoa precisa de água e alimento, descanso, proteção do frio e da dor, na vida profissional ela necessita de boas condições de trabalho para ter conforto e adquirir posses materiais. Isso é obtido não somente pelo salário e benefícios que recebe, mas também por meio da afinidade com a chefia e com as diretrizes da empresa;
- Todo ser humano deseja ter segurança e estabilidade, seja para manter seu corpo íntegro, seja em termos de recursos financeiros para dar suporte à família. Na empresa, esse aspecto também é fundamental. Por isso, a companhia precisa deixar claro para colaboradores que é estável e não está sujeita a mudanças drásticas. Funcionários motivados pela necessidade de segurança encaram o trabalho como uma defesa contra as privações;

- Pertencer a um grupo e compartilhar afeto com a família e os amigos são necessidades típicas do homem – que é um ser social. Levando isso para o âmbito profissional, significa que a empresa deve acolher cada funcionário como um membro da família, pois os colaboradores valorizam as funções que facilitam as boas relações e a união. Um grupo coeso e em sintonia com os valores da companhia tende a gerar melhores resultados do que uma pessoa isolada;
- Autoestima elevada, sucesso, poder, aprovação, respeito e reconhecimento são almejados tanto na vida pessoal quanto na profissional – mas raramente são necessidades satisfeitas, porque as pessoas sempre querem mais e mais. Na empresa, exercer tarefas nas quais o profissional acredita ser competente ajuda a satisfazer esse tipo de necessidade, gerando sentimento de autoconfiança e de utilidade;
- A necessidade de fazer o que gosta permeia o ser humano, refletindo a preocupação de testar seu próprio potencial. Para manter esse tipo de motivação, a empresa precisa proporcionar desafios, dar autonomia na função, liberdade de expressão e oportunidades para os colaboradores criarem e experimentarem coisas novas e, assim, atingirem a autorrealização.

VALORES – Vivenciar os valores e criar uma cultura única na empresa.

Nesse ponto, a ideia é promover e reconhecer a correta execução das tarefas, exigir alto desempenho, analisar princípios e valores e focar na resolução de problemas com base em fatos e dados, e não em opiniões. E ainda estimular o comportamento das lideranças alinhado aos objetivos da empresa.

O elogio à correta execução aumenta a probabilidade de as atividades serem cada vez melhores; afinal, não dar atenção ao comportamento desejado reforça a atitude indesejada. Daí a importância de reconhecer sempre a melhoria de acordo com os valores da empresa, mesmo quando a equipe não tenha alcançado todas as metas. Isso reforça o comprometimento das equipes com a organização.

Entretanto, se o líder ou o liderado demonstrar desalinhamento em relação aos valores e à cultura corporativa, é melhor fazer seu desligamento da empresa.

Entrega de resultado – Meta batida, objetivo atingido.

A entrega de resultados garante a dianteira e maior competitividade em relação à concorrência e a sobrevivência da organização até em tempos difíceis. Portanto, o líder não deve ficar na posição cômoda de cobrar passivamente o resultado, mas precisa ajudar a construí-lo, dando suporte à equipe. Esse apoio refere-se ao treinamento destinado a suprir a ausência de competências e levará à superação das metas. A entrega de resultados em si é o reconhecimento do seu próprio esforço, a autorrealização que gera benefícios para a saúde mental e psicológica.

O ser humano é insatisfeito por natureza, portanto, é preciso sempre criar demandas diferentes e maiores (ou seja, propor metas e desafios por meio de novos trabalhos, papéis etc.), explorando ao máximo o potencial das pessoas e levando-as a trabalhar para obtenção da realização total.

Depois de esclarecer cada ponto, o Coach ainda fez alguns comentários sobre a implementação da metodologia por ele proposta:

– Das cinco competências CHAVE, o Conhecimento é o mais fácil de suprir. As mais importantes são as Habilidades e as Atitudes, porque elas têm impacto direto no comportamento da equipe e nos resultados desejados. É importante lembrar que os Valores são fundamentais, porém já foram devidamente avaliados e alinhados no processo de recrutamento e seleção e cultuados nas atitudes diárias dos líderes. Já a Entrega de resultado é a consequência das anteriores.

E destacou os benefícios do método:

– A empresa que adota esse modelo cria um quadro de líderes com a diversidade de experiências que precisa para se expandir. Assim, ela sempre terá dois ou três candidatos preparados para cargos de liderança em caso de ampliação, sucessão, expansão etc. Isso porque líderes que aprendem a conviver com ambiguidades se desenvolvem dentro de novos modelos mentais, têm a confiança necessária e a maturidade profissional para assumir cargos de maior complexidade.

Fontoura ficou profundamente introspectivo e, sentindo certa indignação, questionou o Coach:

– Creio que a carga da empresa é muito grande, pois tudo depende desse novo modelo de desenvolvimento de habilidades, que recai sobre todos os líderes internos, diretoria, RH, CEO, conselho etc. E o funcionário, qual é a parte que lhe cabe, independentemente de a empresa enxergá-lo como líder de alto potencial?

O Coach, sorrindo, fez a seguinte explanação:

– O novo modelo mental de aprendizagem – a partir do autodesenvolvimento e da utilização da CHAVE e que é a base do líder chocolate – deve fazer parte de todos, inclusive daqueles líderes que não possuem equipe sob sua orientação. Mesmo que a empresa não tenha descoberto os potenciais líderes, estes devem assumir a responsabilidade pelo próprio desenvolvimento e aprendizado. Eles devem se preparar para descobrir quando e onde essa oportunidade pode surgir. O líder deve estar se preparando hoje, mas olhando o futuro, consciente do seu talento específico e se está sendo plenamente desenvolvido. Se isso não acontecer, deve buscar outro local, dentro ou fora da empresa, onde seu talento possa ser utilizado, reconhecido, incentivado e desenvolvido de uma melhor forma.

Estímulo para aprender

De acordo com o Coach, todos nós nascemos com uma capacidade total de aprendizagem, um potencial a ser explorado conforme o grau de desenvolvimento da pessoa ao longo do tempo. Cada um tem uma cota diária de aprendizagem diferente; embora difícil de quantificar, estudos conduzidos por Maslow sobre a capacidade humana total mostram a relação direta dos estímulos recebidos e do desenvolvimento de potencial de aprendizagem.

Os estímulos podem vir das mais diferentes fontes, como pais, familiares, professores, colegas de escola, amigos e conhecidos, chefes, líderes, colegas de trabalho. Outros fatores, como o tipo de empresa em que a pessoa trabalha, o local onde mora, as experiências recebidas de outras culturas e vivências em outras áreas – além, é claro, das próprias crenças – também influenciam no ritmo de aprendizagem de cada um.

Quanto maior o estímulo recebido, maior a capacidade humana total desenvolvida. Mas o estudo também observou que uma pessoa com menos capacidade, depois de alguns anos submetida a estímulos positivos de aprendizagem, pode saber mais do que uma pessoa de alta capacidade; esta, muitas vezes, explora pouco o seu potencial, pois se acha mais inteligente do que a maioria. Conscientes de suas limitações, pessoas com capacidade total menor se esforçam ao máximo e, assim, podem ter sucesso na vida.

Sendo assim, os líderes devem, deliberadamente, colocar seus liderados em situações que os forcem a utilizar mais a sua capacidade humana total, estimulando com isso o crescimento pessoal e profissional. Quanto mais o indivíduo acessa a sua capacidade humana total para resolver problemas e demandas, maior a probabilidade de sucesso em longo prazo.

Cultura de alto desempenho e felicidade: ingredientes da lucratividade

"Trabalhar em algumas empresas é como conquistar uma medalha olímpica. Durante o resto de sua carreira seu nome sempre será associado com ótimo desempenho e sucesso."
Jack Welch

Fontoura estava bastante empolgado com os *insights* do Coach sobre como atrair talentos, capacitá-los para assumir posições de liderança na empresa e reconhecer seus esforços. Ele era a pessoa mais comprometida da companhia e se aplicava de corpo e alma para que tudo fosse colocado em prática de acordo com as orientações do Coach. Além disso, era o guardião dos valores da empresa e todas as suas atitudes eram voltadas para a preservação da cultura corporativa. Por esses motivos, ele era um modelo de referência a ser seguido pelos outros líderes.

Como pessoa inquieta e de visão, o diretor chamou novamente o Coach. Dessa vez, estava preocupado em como manter a equipe feliz. A experiência de usar o chocolate como forma de reconhecimento já havia provado que o clima da empresa e a satisfação dos funcionários são maiores quando se reconhece os aspectos intangíveis. Nem tudo se consegue com remuneração em dinheiro.

Depois de reafirmar que havia dito no início do seu trabalho, o Coach disse:

– O índice de felicidade no ambiente organizacional possui uma relação direta com o *turnover* espontâneo, ou seja, quando o colaborador sai da empresa por iniciativa própria. A felicidade interna ou realização é o que faz as pessoas permanecerem na empresa. Mas é importante não confundir felicidade com assistencialismo ou propaganda de qualidade de vida como, por exemplo, criar oportunidades de socialização, incentivar situações de entretenimento, passeios, academia de ginástica, festas, celebrações ou criar zonas de conforto. A felicidade a que me refiro significa criar condições para que as pessoas sejam como elas são, por meio da aceitação e do estímulo à diversidade, agregando novas competências que preencham suas lacunas e as tornem líderes melhores. Elas precisam ser desafiadas a utilizar ao máximo a sua capacidade humana total doando-se integralmente para a realização dos sonhos e objetivos pessoais e profissionais.

Ele continuou, desfazendo um mito sobre felicidade no ambiente de trabalho:

– A sociedade confunde qualidade de vida com conforto. De acordo com o psicólogo e professor da Claremont Graduate University, Mihaly Csikszentmihalyi, a qualidade de vida não é medida pelo nível de conforto, e sim pelo número de experiências máximas que você vive. Experiências máximas são momentos tão marcantes que a pessoa se sente plenamente preenchida. Não são momentos de descanso. Pelo contrário, em geral, para conseguir chegar lá você tem que fazer um esforço grande. Quando estamos interagindo ou experimentando algo muito fora do padrão, entramos em estado de *flow*, ou fluxo. Essa condição é alcançada quando superamos as metas desafiadoras com muito esforço; isso gera satisfação interna e qualidade de vida. Pessoas que se propõem a superar desafios têm uma qualidade de vida muito maior, pois constantemente têm experiências de máxima satisfação.

Considerando as colocações do Coach bastante interessantes, Fontoura perguntou:

– Como podemos estimular que as pessoas atinjam o estado de *flow* e sejam felizes na empresa?

– O líder chocolate deve sempre colocar metas desafiadoras, algo que esteja um pouco acima das habilidades atuais das pessoas, criando a necessidade de um novo conhecimento e explorando a capacidade humana total de cada uma. É importante também dar suporte para os liderados se esforçarem e assim superarem as metas. A superação gera uma grande satisfação interna – o *flow* – que trará motivação, melhor qualidade de vida e clima organizacional.

O Coach explicou para o diretor que, em geral, quando o líder propõe metas abaixo das habilidades existentes, acaba gerando acomodação da equipe. Por outro lado, quando define metas muito acima das habilidades do colaborador, causa estresse e ansiedade.

– Em ambos os casos, deixamos de extrair o melhor das pessoas e ajudamos a destruir a sua saúde mental e o clima organizacional – reforçou o Coach.

Outro ponto fundamental para a felicidade no trabalho é a identificação do profissional com a cultura da empresa.

– O funcionário será mais feliz se trabalhar num local que possui valores e crenças compatíveis com as suas. Neste caso, haverá um índice baixíssimo de *turnover* espontâneo, com a saída somente dos que não estão alinhados com a cultura da organização – lembrou o Coach.

A cultura é a soma dos valores, atitudes e crenças de todas as pessoas que trabalham na empresa e representam o capital humano instalado. Segundo a explicação do Coach, é algo invisível que se consolida com a união dos funcionários que seguem os valores corporativos e dos profissionais que chegam à companhia e abraçam esses mesmos valores.

– Essa harmonia é obtida quando unimos o estágio do desenvolvimento da pessoa com o da empresa – destacou o Coach. Os colaboradores que conseguem melhorar continuamente, atingindo estágios superiores, levam também as organizações para níveis cada vez mais altos. Quanto mais desenvolvida a cultura corporativa, maior será sua produtividade e lucratividade.

Ao saber que uma cultura forte também ajudava a aumentar os lucros, Fontoura sorriu, entendendo que aquele era o caminho certo a ser seguido para o crescimento da empresa.

E o Coach concluiu:

– Para finalizar, você deve recrutar certo, cercar-se de pessoas adequadas, treiná-las, viver os valores, reforçar a cultura da meritocracia – estabelecendo metas cada vez maiores baseando-se nas melhores práticas do mercado para se tornar *benchmarking*. Uma equipe bem orientada e motivada colabora para o desenvolvimento da empresa em sintonia com os objetivos definidos no que diz respeito à lucratividade, à responsabilidade social e à sustentabilidade.

Epílogo

O diretor Armando Fontoura – que no início era incrédulo em relação ao trabalho do Coach, pois achava que todo comportamento e resultado negativo eram de responsabilidade da equipe e não dele – acabou sendo o maior defensor do método DIOR de *feedback*, do SER para conduzir melhor as entrevistas de recrutamento, do plano de autodesenvolvimento considerando o DNA dos líderes e das competências CHAVE para o aprimoramento dos colaboradores. O chocolate dado a cada atitude positiva fortaleceu o comportamento das pessoas na empresa e ajudou a criar um verdadeiro *dream team*.

Depois da implantação dessas estratégias, que se deu ao longo de cinco anos, Fontoura observou um impacto positivo na cultura da empresa, no gerenciamento dos processos e, principalmente, na atuação das lideranças. A empresa não mais dependia de líderes que possuíam apenas carisma, mas se erguia com a ajuda de pessoas comprometidas com resultados; afinal, a liderança estava institucionalizada com a nova forma de gestão de pessoas.

O diretor citou outra vantagem: o novo sistema de gestão criou uma espécie de usina de líderes, impulsionando o crescimento da empresa e sanando, definitivamente, um problema recorrente – a falta desses profissionais de comando.

Humanizar as relações de trabalho, visando o comprometimento dos líderes e das equipes com os resultados, a redução da rotatividade, a consolidação da cultura corporativa, mantendo a motivação e aumentando a lucratividade da empresa: é nisso que se encontra o fundamento do líder que o mercado de hoje busca e remunera.

As metas do novo perfil de líder são saber se colocar no lugar de seus colaboradores, desenvolver novas lideranças e consolidar a cultura de alto desempenho e meritocracia, cultuando os valores da empresa. Agindo dessa maneira, o líder, a equipe e a empresa colherão frutos excelentes por muito tempo.

Não é uma jornada simples e fácil, muito pelo contrário. Mas caminhando rumo a esse objetivo você estará caminhando para a posição de um verdadeiro líder do século XXI, o líder chocolate.

Saiba mais

Reunimos aqui indicações de leitura complementar para você se aprofundar nos assuntos tratados ao longo do livro bem como as fontes de pesquisa que utilizamos para trazer o conceito de "líder chocolate" para nossos leitores. Além disso, separamos alguns vídeos de palestras interessantes e montamos uma lista de filmes muito legais para você se divertir enquanto aprende com exemplos de liderança na vida real e na arte.

Bom proveito!

Livros

Assumpção, Alfredo. *Talento – A verdadeira riqueza das nações*. São Paulo: Scortecci, 2012.

Bossidy, Larry; Charan, Ram. *Execução*. Rio de Janeiro: Elsevier, 2004.

Campos, Vicente Falconi. *Gerenciamento da rotina do trabalho do dia a dia*. Nova Lima: INDG, 2004.

Charan, Ram. *O líder criador de líderes*. Rio de Janeiro: Elsevier, 2008.

Chaves, Neuza. *Esculpindo líderes de equipe*. Nova Lima: INDG, 2012.

Csikszentmihalyi, Mihaly. *A descoberta do fluxo*. Rio de Janeiro: Rocco, 1999.

_____. *Psicologia da felicidade*. São Paulo: Saraiva, 1992.

Fernández-Aráoz, Claudio. *Grandes decisões sobre pessoas*. São Paulo: DVS Editorial, 2009.

Goleman, Daniel. *Trabalhando com a inteligência emocional*. Rio de Janeiro: Objetiva, 1998.

Gostick, Adrian; Elton, Chester. *The 24 Carrot Manager*. Salt Lake City, UT: O.C. Tanner Company, 2002.

Grubbs-West, Lorraine. *Como transformar sua equipe no seu maior patrimônio*. Rio de Janeiro: Sextante, 2007.

Harvard Business School. *Mantendo os talentos da sua empresa*. Série Gestão Orientada para Resultados. Rio de Janeiro: Elsevier, 2007.

Herrmann, Ned. *The Creative Brain*. Lake Lure, NC: Brain Books, 1988.

Hersey, P.; Blanchard, K. *Psicologia para Administradores*. São Paulo: EPU, 2010.

Hsieh, Tony. *Satisfação garantida, no caminho do lucro e paixão*. Rio de Janeiro: Thomas Nelson, 2010.

Kerr, Steve. *Como medir e recompensar os resultados da sua equipe de vendas*. Rio de Janeiro: Elsevier, 2009.

Khon, Alfie. *Punidos pelas recompensas*. São Paulo: Atlas, 1998.

Liker, Jeffrey K.; Hoseus, Michael. *A cultura Toyota*. Porto Alegre: Bookman, 2009.

Martins, Vera. *Seja assertivo!* Rio de Janeiro: Elsevier, 2005.

Maslow, A. H. *Maslow no gerenciamento*. Rio de Janeiro: Qualitymark, 1970.

_____. *Motivation and Personality*. Nova York: Harper & Row Publishers, 1970.

Nelson, Bob. *1001 maneiras de premiar seus colaboradores*. Rio de Janeiro: Sextante, 2007.

Pink, Daniel H. *Motivação 3.0*. Rio de Janeiro: Elsevier, 2009.

Rabaglio, Maria Odete. *Seleção por competências*. São Paulo: Educator, 2001.

Welch, Jack; Welch, Suzy. *Paixão por vencer*. Rio de Janeiro: Elsevier, 2005.

Palestras

Martin Seligman fala sobre a Psicologia Positiva
(www.ted.com/talks/martin_seligman_on_the_state_of_psychology.html)

Martin Seligman, psicólogo e professor da Universidade da Pensilvânia, aborda como o estudo da psicologia se desenvolveu nos últimos sessenta anos, passando de uma área focada apenas em doenças mentais para ajudar as pessoas a serem mais felizes.

Mihaly Csikszentmihalyi sobre o estado de flow
(www.ted.com/talks/mihaly_csikszentmihalyi_on_flow.html)

Mihaly Csikszentmihalyi, psicólogo, professor da Claremont Graduate University e ex-diretor do Departamento de Psicologia da Universidade de Chicago explica o conceito que criou sobre o estado de *flow* (fluxo): as pessoas conseguem encontrar prazer e satisfação em atividades nas quais têm um estado mental de envolvimento completo.

Por que temos tão poucas líderes?
(www.ted.com/talks/sheryl_sandberg_why_we_have_too_few_women_leaders.html)

Sheryl Sandberg, COO do Facebook, dá três conselhos para as mulheres que pretendem ocupar cargos de liderança, ressaltando que "ninguém é promovido se não acreditar que merece o sucesso ou se não entender o próprio sucesso".

Quebrando barreiras entre as pessoas
(www.youtube.com/watch?v=bUXZrKvT8JY)

Tania Singer, neurocientista do Instituto Max Planck, da Alemanha, explica que, quando temos empatia por alguém, nossos neurônios espelho imitam dentro de nós o estado daquela pessoa. Esse conhecimento é fundamental para os líderes, pois seu humor afeta todos à sua volta, inconscientemente.

Filmes

A hora da virada (Rebound, EUA, 2005)
Sinopse: O treinador de basquete Roy McCormick (Martin Lawrence) não está preocupado em ganhar os jogos, mas em fechar acordos comerciais. Porém, com essa atitude, ele está prestes a perder tudo.

Lição: O treinador tem a oportunidade de provar que consegue liderar um time que nunca tinha ganhado um jogo sem perder a calma. Ele consegue isso ao despertar o que cada atleta tem de melhor, trabalhando as limitações individuais. A partir daí, o treinador ensina ao time a importância da dedicação e do trabalho em equipe. Além disso, aprende a superar as suas próprias barreiras e a controlar seu temperamento.

A luta pela esperança (*Cinderella Man*, EUA, 2005)
Sinopse: O prodígio do boxe Jim Bradock (Russel Crowe) sofre uma série de derrotas, o que o leva a se aposentar precocemente. Para sustentar a família, começa a viver de bicos até que surge a oportunidade de voltar aos ringues.
Lição: O enredo mostra a importância de se acreditar no próprio potencial e manter-se focado nos objetivos. O lutador de boxe é um modelo de determinação, esperança, coragem, paciência, persistência e resiliência – uma boa composição para o sucesso.

A negociação (*The Negotiator*, EUA/Alemanha, 1998)
Sinopse: O policial Chris Sabian (Kevin Spacey) é o único capaz de negociar com um sequestrador, o ex-policial Danny Roman (Samuel L. Jackson). A situação é tensa, pois uma palavra ou um gesto equivocado pode colocar tudo a perder.
Lição: Para negociar com o sequestrador, Chris Sabian precisa usar a capacidade de liderança e assim manter sob controle os ânimos da equipe de atiradores de elite. Isso envolve planejamento, foco nos interesses, busca de consenso entre as partes e competição. E mais: a satisfação de

saber que outra parte também foi plenamente atendida na conclusão da negociação. Tudo isso feito com ética.

À *procura da felicidade* (*The Pursuit of Happyness*, EUA, 2006)
Sinopse: Enfrentando sérios problemas financeiros e a separação da esposa, Chris Gardner (Will Smith), desempregado, tenta superar as dificuldades de arrumar um trabalho e cuidar sozinho do filho.
Lição: História de liderança e exemplo de perseverança e superação. Apresenta lições de determinação, capacidade de absorver grandes impactos e firmeza de propósito. O filme consegue expor com clareza o conceito de resiliência.

A última fortaleza (*The Last Castle*, EUA, 2001)
Sinopse: O general Irwin (Robert Redford) perde a patente e a liberdade após ser injustamente condenado por uma corte militar a passar o resto da vida em uma penitenciária de segurança máxima.
Lição: O filme mostra claramente a diferença entre poder e autoridade. Como líder carismático, o general trata a todos com equidade, evitando favoritismos. Reconhece o trabalho de cada um pelo mérito, transmitindo uma sensação de justiça para a equipe. Além disso, cria identidade para construção do grupo e transforma os membros da equipe em verdadeiros seguidores que vão em busca das metas definidas.

Ao mestre com carinho (*To Sir, with Love*, Inglaterra, 1967)
Sinopse: Desempregado, o jovem engenheiro Mark Thackeray (Sidney Poitier) resolve trabalhar como professor. Na escola de um bairro operário, ele se depara com alunos indisciplinados.

Lição: Para lidar com a hostilidade dos estudantes, o professor começa a tratar os adolescentes como adultos. Com isso, ele dá um grande exemplo de liderança, perseverança e coragem, recebendo o reconhecimento dos alunos.

Apollo 13 – Do desastre ao triunfo (*Apollo 13*, EUA, 1995)
Sinopse: A missão espacial Apollo 13 corria bem até que ocorre um defeito no equipamento que coloca em risco a vida dos astronautas Jim Lovell (Tom Hanks), Fred Baise (Bill Paxton) e Jack Swigert (Kevin Bacon).
Lição: Os astronautas e a equipe da missão na Terra são confrontados com um problema urgente que só pode ser resolvido com trabalho em conjunto, criatividade, lealdade e controle emocional. O filme também trata do papel da comunicação na liderança. Os astronautas suprimem as discussões inúteis e mantêm uma comunicação verbal constante, criando um elo de confiança entre a equipe.

Coach Carter – Treino para a vida (*Coach Carter*, EUA, 2005)
Sinopse: Baseado na história real do treinador de basquete Ken Carter (Samuel L. Jackson), que recebe elogios e críticas ao suspender todo o seu time campeão por causa do baixo desempenho acadêmico dos jogadores.
Lição: Para um líder, é importante conhecer cada integrante do grupo que coordena, seus pontos fortes e fracos para que possa desenvolvê-los com eficiência. Com tal atitude os liderados tendem a se sentir importantes e apoiados. Um bom líder consegue fazer com que todos direcionem os esforços na mesma direção ao colocar regras claras, disciplina, trabalho em equipe, sensibilidade, valores e visão.

De porta em porta (*Door to Door*, EUA, 2002)
Sinopse: Bill Porter (William H. Macy) nasceu com paralisia cerebral, mas isso não o impediu de trabalhar como vendedor. Ele é rejeitado por muitos clientes, mas não desiste de caminhar dezesseis quilômetros por dia, por quarenta anos, para vender os produtos de porta em porta.
Lição: O filme traz a mensagem de paciência, persistência, humildade e perseverança. É referência para profissionais de venda, pois mostra um vendedor com paralisia cerebral que consegue ser o melhor em seu segmento. O importante é que ele possui características fortes e essenciais para deixar o cliente feliz como, por exemplo, conhecer as suas preferências e necessidades.

Desafiando gigantes (*Facing the Giants*, EUA, 2006)
Sinopse: Em seis anos como técnico de futebol americano de uma escola, Grant Taylor (Alex Kendrick) nunca conseguiu levar seu time a uma temporada vitoriosa. Uma visita inesperada muda essa situação.
Lição: O visitante inesperado desafia o técnico a acreditar na força da perseverança para vencer. A partir daí, ele consegue transformar um time de perdedores, fazendo-os acreditar no poder da fé e da perseverança para atingir o sucesso.

Elizabeth (Reino Unido/EUA, 1998)
Sinopse: Na Inglaterra de 1554, Elizabeth (Cate Blanchett) assume o trono em meio a um turbilhão de acontecimentos na política e na religião. Inicialmente, ela segue conselhos equivocados, acreditando que nunca será igual ao pai, Henrique VIII, em sua habilidade para administrar o reino.

Lição: Ao contrário de quem pensa que um líder já nasce pronto, o personagem aprende a vencer com a força de sua personalidade e não com o poder da sua posição. Sua dedicação aos súditos mostra a luta para cumprir com as exigências que as responsabilidades de uma rainha demandam.

Em boa companhia (*In Good Company*, EUA, 2004)
Sinopse: O executivo de 51 anos Dan Foreman (Dennis Quaid) é substituído pelo jovem Carter Duryea (Topher Grace), depois que a empresa é comprada por outra. Apesar de ter sua posição rebaixada, Foreman tenta manter um clima amigável até descobrir que Carter começou a namorar sua filha.
Lição: O filme mostra a importância da experiência profissional e também da união de pessoas com diferentes perfis para atingir um objetivo comum no instável ambiente corporativo.

Invictus (EUA, 2009)
Sinopse: Depois de sair da prisão e se tornar presidente da África do Sul, Nelson Mandela (Morgan Freeman) tenta diminuir a segregação racial por meio do rúgbi. Ele incentiva François Pienaar (Matt Damon), capitão da seleção sul-africana, a torná-la campeã.
Lição: Nelson Mandela tinha consciência de que o país continuava sendo um país racista e economicamente dividido, em decorrência do *apartheid*. A proximidade da Copa do Mundo de Rúgbi, pela primeira vez realizada no país, fez com que ele resolvesse usar o esporte coletivo, o espírito de equipe, para unir a população.

Karatê Kid (*The Karate Kid*, EUA, 1984)
Sinopse: O garoto Daniel Larusso (Ralph Macchio) muda-se para a Califórnia e começa a ser atormentado por uma gangue. Um dia, cercado pelo bando, ele é salvo por Miyagi (Pat Morita), mestre de caratê, que começa a treiná-lo nesta arte marcial.
Lição: O filme mostra a importância do autoconhecimento para superar os desafios e obter as vitórias almejadas. E também a persistência para se autodesenvolver e não se intimidar perante as dificuldades. Além da luta, o garoto aprende os valores da vida a partir de trabalho duro e dedicação.

Mr. Holland – Adorável professor (*Mr. Holland's Opus*, EUA, 1995)
Sinopse: O jovem músico Glenn Holland (Richard Dreyfus) decide dar aulas de música para ganhar dinheiro extra e se dedicar a compor uma sinfonia. Porém, ele tem dificuldades para cativar os alunos. A sinfonia fica praticamente esquecida e, anos mais tarde, ele decide dar a grande virada.
Lição: História sobre dedicação, paciência, descoberta de talentos, iniciativa em colaborar para o crescimento das pessoas e resolução de seus problemas. Redescoberta da paixão pela música e pela vida.

O homem que mudou o jogo (*Moneyball*, EUA, 2011)
Sinopse: O filme mostra a história, inspirada em fatos reais, do dirigente do time de beisebol americano Oakland, Billy Beane (Brad Pitt). Sem apoio financeiro, ele define uma nova maneira para formar as equipes.
Lição: Jogadores desacreditados e com baixo valor de mercado são atletas competentes em determinados fundamen-

tos. Beane consegue corrigir erros e extrair o máximo das potencialidades de cada um dentro do jogo, justamente o que um líder deve fazer.

O príncipe das marés (*The Prince of Tides*, EUA, 1991)
Sinopse: O treinador de futebol americano Tom Wingo (Nick Nolte) se envolve com a psiquiatra Susan Lowestein (Barbra Streisand). A partir daí ele se aproxima do filho de Susan, Bernard, que deseja ser jogador de futebol, mas é extremamente arrogante.
Lição: O jovem Bernard só consegue "aprender" quando deixa de lado sua postura defensiva e arrogante. O filme também aborda formas de trabalho que permitem uma maior expressão da criatividade, a exemplo da atividade da terapeuta e da do professor.

Patch Adams – O amor é contagioso (*Patch Adams*, EUA, 1998)
Sinopse: Baseado na história real do médico norte-americano Patch Adams, que usa o bom humor no tratamento de seus pacientes, mesmo que isso signifique arriscar sua carreira.
Lição: O personagem central, Patch Adams, criou um estilo próprio e conseguiu imprimir sua marca no tratamento de pacientes e no local de trabalho. Esses são feitos inspiradores para quem pretende ser um líder.

Sociedade dos poetas mortos (*Dead Poets Society*, EUA, 1989)
Sinopse: Professor de literatura (Robin Williams) transforma a vida de seus alunos com ensinamentos pouco convencionais. Com isso, os estudantes são estimulados a refletir, deixando de aceitar as respostas prontas.

Lição: Um verdadeiro líder busca orientar e motivar o grupo instigando seus integrantes. O professor cria a estratégia de despertar o pensamento crítico nos alunos, utilizando um jogo de linguagem. A expressão *carpe diem* ("aproveite seu dia") traz uma nova visão de vida. O filme é uma lição de como inspirar os semelhantes.

Um domingo qualquer (Any Given Sunday, EUA, 1999)
Sinopse: Tony D'Amato (Al Pacino) é o treinador dos Sharks, time de futebol americano que está passando por uma série de derrotas.
Lição: A história traz o conceito de liderar pelo exemplo. Depois de várias derrotas, o treinador precisa tirar o time da crise. Ao se lembrar de experiências e erros que havia cometido ao longo de sua vida, ele consegue encontrar as soluções para motivar os jogadores.